KB146210

금융
버블
붕괴

금융 버블 붕괴

오래전 예정되었던 위기의 실체와 생존의 해법

사와카미 아쓰토, 구사카리 다카히로 지음

구수진 옮김 | 정철진 감수

한스미디어

버블의 끝은 알 수 없다고 하지만,
그 끝은 항상 처절한 비극이었다

인연(因緣)이란 항상 놀랍다. 내가 신문기자 시절이었던 지난 2004년 말 이 책의 저자 사와카미 아쓰토를 직접 인터뷰했으니 말이다. 그리고 무려 17년의 시간이 흘렀고, 신간《금융 버블 붕괴》의 감수를 맡아 다시 한번 그와 (책을 통해) 만나게 됐다. 2004년엔 주로 펀드(주식형 액티브 펀드)에 대한 이야기를 나눴는데 단박에 그의 실력과 진실성을 느낄 수 있었다. 가치투자, 장기투자, 적정가치 등에 대한 그의 생각을 들었고, 그는 내게 지금도 잊혀지지 않는 울림의 메시지를 던졌다. "펀드 투자는 돈을 버는 게 아니라 돈을 모으는 것이고, 펀드 매니저라면 돈을 잘 모아가는 데 총력을 기울어야 합니다".

그 사와카미가 이번 신간《금융 버블 붕괴》에서 선지자와 같은 모습으로 우리에게 나타났다. "이러다간 정말 큰 일이 나겠다"라면서 이야기를 시작한 그의 결론은 명확하다. 현재 금융 시장은 이미 버블의 영역에 들어섰고 다시 건전한 성장의 영역으로 돌아갈 수 없으며, 언제 버블 팽창이 끝날지 그 시기는 알 수 없지만 결국 터지는 일만 남았다는 것이다. 그는 단순히 느낌을 말하는 감상적인 스타일이 아니다. 왜 지금이 버블 영역인지, 그리고 어떤 과정을 거쳐 버블이 터질지에 대해 조목조목 따져가며 이야기를 풀어나가고 있다.

실은 지난 2019년, 세계 금융 시장은 이미 버블의 끝에 도달했었다. 2008년 말 세계 금융 위기가 터지고 이를 막기 위해 2009년부터 시작된 양적완화와 저금리 시대가 이미 10년간이나 지속되고 있었기 때문이다. 금융 시장과 실물경제의 괴리는 커져만 갔고 그만큼 버블의 크기도 팽창했다.

물론 그 사이에 정신 차릴(?) 기회는 있었다. 가령 2014년 미국은 테이퍼링을 통해 긴축을 시도했다. 하지만 당시 '긴축 발작(테이퍼링 텐트럼)'에 주가가 급락하자 "아직은 아니야"라며 전격 후퇴한다. 2018년도 비슷했다. 그해 가을 금리 인상을 시도했는데 이때도 주식시장은 떼를 쓰듯 폭락했고 여기에 놀란 당시 도널드 트럼프 대통령은 연방준비제도이사회를 압박해 오히려 금리인하로 시장을 인위적으로 부양했다. 그렇게 2019년의 버블은 폭발 직전까지 커져갔는데, 놀랍게도 그걸 터트린 건 코로나19라는 팬데믹이었다.

자, 그런데 바로 여기서부터 한 편의 '뒤통수 드라마'가 시작됐다. 팬데믹이 갖고 오는 경제 악영향을 막기 위해 세계 각국 중앙은행과 정부는 서로 경쟁이라도 하듯 무려 12조 달러의 돈을 1년 새 쏟아 부었던 것이다. 그 결과 너무도 잘 알다시피 기적 같은 'V자 반등'이 나왔다. 주식시장은 2019년의 고점을 넘어 대폭등했고, 부동산도, 채권도 그리고 원자재 등 자산 가격 모두 하늘 높이 치솟았다. 꺼진 줄 알았던 버블이 다시 몸을 추스르면서 '헉' 소리가 날 만큼 몸집을 2배로 불렸던 것이다. 이렇게 되자 요즘 "거품이다" "투자, 조심하라" "위험관리 해야 한다" 등의 조언은 비웃음을 사고 있고, 그런 주장을 하는 전문가들은 모두 시장에서 퇴출됐다.

바로 이 시점에서 사와카미는 시장과 정면승부하고 있다. 버블은 누가 뭐래도 버블이라고, 코로나19로 몸집을 키웠으니 그 버블이 터질 때 나올 충격 또한 더 클 수밖에 없다고, 그렇다면 이제 대비해야 한다고 역설한다. 구체적인 버블 붕괴 과정도 담아냈다. 중앙은행이 국채를 직매입하는 '국채의 화폐화' 규모가 커지면서 인플레이션은 꿈틀대고 이어 장기금리가 튀어 오르고, 통화가치는 더 떨어지고, 결과적으로 기술적인 '하이퍼 인플레이션'이 나올 것이란 전망이다. 과연 어느 지점부터 증시가 하락할지는 알 수 없지만 명확한 것은 세상의 모든 하이퍼 인플레이션은 결국 자산 가격 대폭락으로 끝났다는 사실이다. 특히 이 과정 속에서 지금 세상의 '대세'가 되고 있는 상장지수펀드(ETF)의 모순이 터질 것이라고 말한다. 하락장에서 ETF는 좋은 주식을 더 많이, 더 거침없이 팔게 되는 구조를 갖고 있기 때문이다.

하지만 그는 '절망' 대신 '희망'과 '가능성'으로 책을 마무리한다. 하이퍼 인플레이션이 찾아오고 금융 시장의 버블은 터질 수밖에 없지만 실물경제는 계속 돌아갈 것이라고 말한다. 마치 실물경제는 멈춰있었는데 자산 가격만 폭등했던 코로나19의 약 2년간의 시간처럼, 버블은 터져도 우리는 생활을 이어갈 수밖에 없고 그렇다면 우리에겐 좋은 기업을 고를 수 있는 기회가 다시 주어질 것이란 이야기다.

요즘 투자 위험에 대한 말을 꺼내면 예외 없이 이런 말이 돌아온다. "버블은 터질 때 버블을 알 수 있어요, 누구도 그 끝을 알 수 없다고!". 그럴 때면 난 이렇게 답한다. "버블의 끝은 누구도 알 수 없지만, 그 마지막은 예외 없이 지옥 같은 파국이었습니다".

어설픈 낙관보다는 과도한 비관이 더 필요한 시기이다. 이 책 《금융 버블 붕괴》를 통해 독자님들이 현실을 더 정교하게 직시했으면 좋겠다.

2021년 9월 상암동에서, 정철진(경제평론가)

감수자 정철진 님은 서울대학교 경영학과를 졸업하고, 〈매일경제〉에서 10여 년간 신문기자로 활동한 후 현재는 경제평론가이자 방송인으로 투자 자문 및 경제 컨설팅, 집필과 강연, 방송 활동 등에 매진하고 있다. 주요 저서로는 20대의 새로운 투자 패러다임을 제시하여 베스트셀러로 사랑받았던 《대한민국 20대, 재테크에 미쳐라》를 비롯, 《자본에 관한 불편한 진실》《주식 투자 이기려면 즐겨라》《목돈 만들기 적립식 펀드가 최고다》《투자, 음모를 읽어라》《작전》 등이 있다.

마침내 버블은 붕괴하고,
새로운 경제와 사회가 출현한다

나는 지금의 시기가, 금융 버블이 붕괴하기 직전의 상황이라고 확신한다.

세계적인 유동성 과잉에 올라탄 상태라고밖에는 표현할 길이 없는 금융 시장의 주가 버블은 곧 폭락의 길로 접어들 것이다.

상승세를 이어가던 증시가 결국 폭락 국면을 맞이한다는 그런 단순한 이야기가 아니다. 세계 채권 시장과 주식 시장은 투매가 쏟아지면서 한순간에 아수라장으로 돌변하고, 이를 계기로 각종 금융상품이 잔해처럼 무너져내린다.

여기서 끝이 아니다. 선진각국을 중심으로 재정적자와 국가채무 문제가 불거져 나오면서 세계 경제도 대혼란에 빠진다. 그렇게 사람들의 생활은 엉망진창이 된다. 그야말로 대붕괴다.

계기는 무엇이든 될 수 있다. 주식 버블이 어느 날 갑자기 공중분해될 수도 있고, 전 세계에서 부실채권을 포함한 회사채 발행을 남발하면서 디폴트(채무불이행)에 빠질 수도 있다. 지금은 어디에서 불씨가 피어올라도 이상하지 않은 상황이다.

세계 경제가 코로나 팬데믹으로 인한 불황에 허덕이고 있지만 이에 아랑곳하지 않고 금융 시장은 상승세를 보이고 있다. 머지않아 세계적인 코로나 4차 대유행이 본격화할 조짐이지만 세계 채권 시장과 주식 시장은 초버블 상승세로 들끓고 있다.

버블 매수의 근거는 오로지 하나다. 전 세계적으로 대량 공급된 돈이 갈 곳을 찾아 주식 등 금융상품 매수에 몰리고 있기 때문이다.

주가가 오를 것 같으니 산다. 운용이익을 얻을 수 있을 것 같아서 사고, 제로 금리 상황에서 조금이라도 이자 수익을 올리기 위해 산다. 매수 동기는 오직 그뿐이다.

사람들은 잇따라 공급되는 유동성에 안심하고 돈벌이를 찾아 금융 시장에 진입하고 있다. 하지만 금융 시장 일부가 무너져내리면 모든 흐름이 반대로 회전하기 시작한다. 엄청난 매도의 연쇄반응이 전 세계로 확산되고, 버블 매수의 반동으로 각종 금융상품이 일제히 매도되면서 금융 버블은 대폭락의 길로 접어든다.

＊＊＊

금융 시장이 대폭락한다? 하지만 그런 기미는 어디에도 보이지 않는다. 일본만 해도 일본은행이 ETF(상장지수펀드)를 매입하여 주가 하락을 콘크리트 층처럼 단단히 저지하고 있지 않은가? 게다가 지금은 세계의 중앙은행이 되어버린 미 연방준비제도(Fed)가 부실채권이든 뭐든 마구잡이로 사들이고 있다. 제롬 파월 의장은 2023년까지 금리를 올리지 않겠다고 단언했다. 과잉유동성 주가 버블은커녕 버블 투기의 기운조차 전혀 느껴지지 않는다. 세계 금융 시장은 이대로 과잉유동성에 의한 주가 상승을 이어가지 않을까?

많은 경제학자들도 이러한 현상에 긍정적이다. 대량으로 유동성을 공급하는 한 문제는 없다고 주장하고, 일부에서는 "오히려 실물경제가 금융 시장을 금세 따라잡을 것"이라고 말한다.

많은 전문가들이 이렇게 말하고 있는 만큼 세계 주식 버블도, 금융 시장도 무너질 일은 없지 않을까?

그러나, 단언컨대 금융 버블은 붕괴한다.

무엇이든 한계치라는 것이 있다. 그리고 그 한계치는 그리 머지않았다. 다시 한번 말하지만 계기는 무엇이든지 될 수 있다. 금융 시장 버블을 무너뜨릴 요인은 이미 산더미처럼 쌓여 있다. 그 요인을 이 책에서 하나하나 철저히 밝혀내고자 한다.

이 책을 다 읽고 나면 새삼 현상의 심각성을 깨닫고 경계 자세를 취하게 될 것이다. 필자가 50년 동안 운용 비즈니스 세계에서 쌓아 온 경험에 비추어 봐도 지금은 경계 자세를 취해야 할 때다.

모든 버블은 반드시 무너진다는 사실은 인류 역사가 증명하고 있다. 때문에 금융 버블 그리고 경제 대붕괴에 대비하여 경계 태세를 단단히 갖춰 두지 않으면 안 된다. 그러려면 우선 경제의 본질은 무엇이고 정말 안심할 수 있는 것은 무엇인지 스스로 생각해봐야 한다. 더불어 버블 붕괴로 인한 대혼란에 휩쓸리지 않도록 한시라도 빨리 적극적이고 능동적으로 생존할 방법을 찾아나서야 한다.

그렇지 않아도 일본은 지난 30년 동안 국가 전체가 '끓는 물 속 개구리(boiling frog)*' 현상에 빠진 듯하다. 문제를 보류하는 정치 탓에 일본 경제는 점점 약해지고 있다. 그런 상태에서 금융 버블 대붕괴에 맞닥뜨리게 되면 차마 눈 뜨고 볼 수 없는 참상이 펼쳐질 것이다.

그동안은 무슨 일이 일어나면 당연하다는 듯 국가에 의지해왔다. 그런데 의지하던 국가의 재정 운영은 물론 많은 기업이 흔들리고 있다. 한발 잘못 내디뎠다가는 와르르 무너져내릴지도 모르는 갈림길에 서 있는 것이다.

---

* 개구리를 뜨거운 물에 넣으면 바로 뛰쳐나오지만, 찬물에 넣고 서서히 열을 가하면 위험을 알아채지 못한다는 뜻 - 옮긴이

이제는 스스로 생존의 길을 찾아갈 수밖에 없다. 그러기 위해서는 일상생활 속에서 '무엇이 진짜고 어디까지 믿을 수 있는지' 하나하나 판별하고 행동하는 습관을 들이는 것이 중요하다. 그것이 경제의 원점이기도 하다.

진짜를 찾아 나서보면 알 수 있다. 무슨 일이 일어나도 실물경제는 사라지지 않는다. 그런 점에서 한없는 안도감을 느낄 것이다. 이것은 바로 어떤 상황에서도 실물경제를 염두에 두고 있는 본격적인 장기투자의 사고방식이다. 여기까지가 이 책의 전반부 테마다.

지금부터는 엄청난 현실에 직면한다.

코로나 불황으로 각국 정부는 전대미문의 규모로 재정을 투입하고 있다. 중앙은행도 금융자산을 끝도 없이 매수하여 대량의 자금 공급을 한층 가속화하고 있다. 코로나 팬데믹의 위기를 뛰어넘기 위한 어쩔 수 없는 조치라는 점은 모두가 인정하는 바이지만 역사상 이토록 많은 양의 유동성이 시장에 무차별적으로 공급된 적은 없었다.

대량으로 공급되어 넘쳐나는 물건은 그 가치가 떨어지고 가격도 낮아진다. 반대로 부족한 물건은 가치도 가격도 높아진다. 그것이 경제의 대원칙이다. 현재 통화가치가 큰 폭으로 떨어지고 있다. 인플레이션은 이미 시작되었다. 세계는 그런 현실에 직면하게 된다.

이것이 이 책의 후반부 테마다. 그렇다면 앞으로 어떻게 될까?

금융 버블은 붕괴하기 시작했다. 과거의 버블이 그랬듯 매도가 매도를 부르며 시장은 무너져내린다. 각종 금융상품을 버블 매수해온 투자자는 일제히 투매에 나선다.

한시라도 빨리 현금을 손에 넣으려는 매도 압력이 치솟아 오르고, 그 기세는 누구도 멈추지 못한다. 시장에 투매 물량이 쏟아지면 가격은 추락한다. 겨우 팔아서 현금을 손에 넣었다고 해도 매우 적은 금액에 불과하다. 이것이 바로 버블 붕괴로 투자자가 맛보게 될 비참한 현실이다. 크게 부풀어 올랐던 자산계정이 말도 안 되게 적은 금액으로 줄어든다.

그뿐만이 아니다. 다행히 현금화에 성공한다고 해도 인플레이션으로 인해 돈의 가치가 떨어진다. 가까스로 가격 하락이라는 리스크에서 벗어났다고 생각했는데 손에 쥔 현금 가치가 떨어지는 새로운 비극에 직면하게 된다.

인플레이션은 자산 보전에 있어서 가장 큰 적이자 리스크다. 현금 자산의 가치가 인플레이션 된 양만큼 줄어드는 것이다. 이것은 어쩔 도리가 없다.

* * *

하지만 기이하게도 현재 인플레이션 징후는 어디에서도 느껴지지 않는다. 인플레이션을 상징하는 금 가격만 봐도 그렇다. 잠시 트로이

온스당 2000달러를 넘긴 했으나 지금은 1800달러 대를 밑돌고 있지 않은가?

물가 폭등이라는 교과서적인 인플레이션 현상은 인플레이션 발생 후 마지막 2~3년 동안 일어나는 현상이다. 물가가 급등하지 않아도 통화가치가 낮아진다면 이미 인플레이션이라고 할 수 있다.

세계적으로 이렇게나 많은 돈을 풀고 있으니 통화가치가 떨어지는 것도 당연하다. 금융 버블 붕괴로 주가가 폭락하면 비로소 사람들은 조용히, 하지만 빠른 속도로 인플레이션이 진행되고 있었음을 깨닫게 된다.

채권과 주가가 폭락하면서 금융자산이 감소한다. 거기에 더해 현금 가치까지 떨어진 현실에 직면하는 것은 큰 충격이 아닐 수 없다. 그렇게 되면 이미 도망칠 곳이 없다. 세계 경제도, 사람들의 생활도 대혼란에 빠진다. 가치관의 대혼란이다.

코로나로 세계 경제는 마이너스 성장을 기록하고 있다. 경제 활동은 축소되었다. 다시 말해 디플레이션 경향에 있다. 그런데 현금 가치가 높아지기는커녕 점점 낮아지고 있지 않은가. 이해할 수 없는 상황이다.

금융 버블이라는 희망의 끈이 끊어져 버리고, 서둘러 금융자산을 팔아 리스크 회피를 위한 현금화에 나섰지만 이미 현금 가치도 떨어진 상태다. 예상도 못 했던 현실이 눈앞에 펼쳐져 있다.

모든 가치가 떨어진다. 가격 체계가 엉망진창이 되어 더 이상 무엇을 어떻게 해야 좋을지 알 수가 없다. 사람들은 마치 가치관을 상실한 듯한 상황에 놓인다.

더욱 우려되는 점은 각국 정부나 중앙은행이 현상을 개선할만한 뾰족한 수를 가지고 있지 않다는 점이다. 금융을 완화하여 자금을 대량으로 공급하면 된다며 오랜 기간 유지해오던 통화주의 정책이 그 한계와 폐해를 드러내기 시작했다.

어떤 한계와 폐해인가? 지난 30년 가까이 세계는 금융 시장과 경제를 과잉유동성 상태로 유지해왔지만, 경제성장은 기대에 못 미치는 수준이었고 경기도 회복되지 않았다. 오히려 국가채무가 제2차 세계대전을 포함한 과거 최악의 수준으로 불어났다. 재정 적자폭도 계속해서 확대되고 있다.

일본은행은 국채 총발행액의 57%를 보유하면서 사실상 국채의 화폐화에 나선 상태다. 미국 연방준비제도를 비롯하여 각국 중앙은행도 급증하는 국가채무를 메우기 위해 국채보유 방침으로 점차 기울고 있다. 법률로 금지된 국채의 화폐화도 어쩔 수 없이 채용해야 하는 상황이지만, 그것으로는 재정의 규율도 건전성도 유지할 수 없다.

사실 이뿐만이 아니다. 코로나 불황으로 각국은 고삐가 풀린 것처럼 재정 지출을 확대하고 각국 중앙은행도 대규모 자금 공급을 단행해왔다. 하지만 어딘가에서 그 뒷수습을 해야만 한다. 과연 어떻게 수습할 것인가?

세금을 대폭 늘리면 될까? 지금은 그런 정책을 펼칠만한 경제적 상황이 아니다. 금융을 긴축할까? 그러면 국채 발행 비용이 불어나 재정적자가 더욱 악화된다. 그렇다면 국채의 조기 대량상환에 나설까? 그 자금은 어디에서 조달할까? 하지만 이것도 저것도 실행 불가능해 보인다. 정부와 중앙은행은 곧 두손 두발 다 든 상태에 빠지게 되는 것일까?

그런 최악의 사태를 상정한 후 '자립·자조 체제'를 구축하는 것이 중요하다. 어차피 힘든 상황에 빠지면 믿을 수 있는 것은 자기 자신뿐이다. 이것은 자연스레 실감하게 될 것이다.

이제부터는 진짜 가치가 있는 것을 모색해가야 한다. '자금만 대량으로 공급하면 경제는 성장·발전한다'라는 통화주의 경제이론은 무너졌다. 그렇다면, 진짜 가치가 있는 것은 무엇일까?

우리 같은 장기투자자는 항상 본질적인 가치를 추구한다. 리먼 쇼크 이후나 이번 코로나 사태에도 자금만 대량으로 공급하면 된다는 식의 통화주의 가치관에는 의문을 가져왔다. 통화주의에서 시작된 현대화폐이론이나 헬리콥터 머니 등이 정말 건전한 경제 활동으로 이어질까? 결코 그렇게 생각하지 않는다. 그런 이유로 사와카미 펀드 운용에서는 과잉유동성 버블에 들썩이는 시장과는 항상 선을 그어 왔다. 그러던 중 최근 들어 '이러다가 정말 큰일이 나겠다'라고 확신하기에 이르렀고, 그래서 이 책을 집필하게 되었다.

금융 버블이 붕괴하고 인플레이션이 도래하여 사회가 혼란에 빠지는 것은 그야말로 시간문제다. 만약 이 예상이 조금 빨랐다고 해도 개의치 않는다. 어쨌든 행동은 빠를수록 좋다.

장기투자를 서둘렀다고 손해 볼 일은 없다. 손에 쥐는 이익이 조금 줄어들 수는 있다. 그렇지만 장기투자에 늦으면 그것으로 끝이다. 결국은 시장과 함께 자멸한다. 그것도 금융 버블 대붕괴와 함께 말이다. 그런 리스크에서 한시라도 빨리 멀어져야 한다.

그래서, 실력파 장기투자로 세상을 리드하고 있는 사와카미 투자신탁 최고투자책임자(CIO) 구사카리 다카히로의 협력을 얻어(제1장~제3장) 이 책을 완성하였다. 모쪼록 이 책이 금융 버블 붕괴의 위험성을 한시라도 빨리 깨닫고 보다 능동적으로 생존의 길을 찾아가는 데 도움이 되기를 바란다.

사와카미 아쓰토

| 차 례 |

제 1 장 계속해서 팽창하는 세계 금융 시장

18

제 2 장　세계 경제는 버블 위에 버블을 쌓고 있다

제 3 장　과거의 버블에서 배운다

제 4 장   경시되는 시장 기능

제 7 장 세계 경제는 대혼란에 빠진다

제 8 장 액티브 운용이 부활한다

제 9 장 가치주 투자는 죽었는가

계속해서 팽창하는
세계 금융 시장

Financial Bubble Crisis

지금은 버블일까?

지금의 금융 시장은 버블일까? 이 질문에 대한 답은 '그렇다'이기도 하고, '아니다'이기도 하다. 누구나 현시점의 상황을 정확하게 이해하기는 어렵다. 때로는 시간이 흐른 뒤에야 버블이었다는 사실을 알아차리기도 한다. 하지만 이 책을 손에 든 독자는 지금의 주식 시장, 금융 시장에 무언가 의문을 품고 있을 것이다.

금리는 경제의 체온계라든지, GDP와 시가총액을 비교하여 고평가·저평가를 가려낸다든지, 주가는 경제의 선행지표가 된다는 식의 경제나 주식 시장을 바라보는 관점은 다양하다. 그러나 어떤 관점으로 보든 현 상태는 정상적이지 않으며, 대다수가 느끼고 있는 위기의식은 타당성이 있다.

명목GDP와 주식시가총액을 비교하여 주식 시장이 과열되어 있는지를 가늠하는 소위 '버핏 지수'는 이른바 투자의 신이라 불리는 워런 버핏이 이 척도를 중시한다고 알려지면서 붙여진 이름으로, 현재 미국과 일본은 버핏 지수가 100%를 초과한 상태다. 과거 이 정도 수준을 넘어섰던 시기는 뒤늦게 버블 상태였다는 사실이 밝혀진 바 있다.(그림1-1, 1-2).

우선 금리부터 생각해보자. 금리가 경제의 온도라고 불리는 이유는 중앙은행이 단기금리를 조정하여 채권 시장의 금리를 좌우함으로써 경제를 통제하기 때문이다.

금리를 올려 과열된 경제를 진정시키고, 금리를 낮춰 얼어붙은 경기를 녹인다. 마치 전자레인지와 냉장고 같은 역할을 하는 것이다. 금리가 높은 상태란 경기가 확장하는 시기 혹은 화폐유통속도의 상승으로 인해 경제의 확대재생산에 가속도가 붙은 상태를 말한다. 쉽게 말해서 실물경제의 확대를 금융이 쫓아가지 못하는 상태 즉 자금을 확보하는 것이 어려운 상태라고 할 수 있다.

전자레인지는 마이크로파라는 전파로 물 분자를 진동·회전시키고 이때 발생한 마찰열로 음식물을 데운다. 돈도 이동이 빈번해지면 경제 활동이 활발해지고 금융 시장이 뜨거워지면서 금리가 상승한다.

비즈니스를 시작하려면 우선 사업 자금이 필요하다. 경기가 좋거나 혹은 수익성이 우수한 경쟁 여건이 많은 상황에서 돈을 빌리려면 더 높은 금리를 내야 한다. 호경기란 그런 상황을 말한다. 예를 들어 돈을 빌

[그림 1-1] 미국 버핏 지수

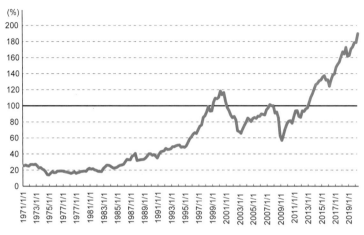

미국 주식 시장의 시가총액을 미국 명목GDP로 나눈 지수

[그림 1-2] 일본 버핏 지수

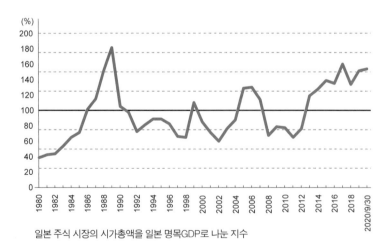

일본 주식 시장의 시가총액을 일본 명목GDP로 나눈 지수

러 비즈니스를 시작한다고 가정해보자. 비즈니스가 성공할지는 아무도 모른다. 당연히 도산할 가능성도 있다.

한 기업이 창업 후 10년 이상 생존할 확률은 규모가 크면 약 40%, 개인 사업주는 10% 정도다. 금리가 높으면 높을수록 생존은 더욱 힘들어진다.

경제가 확대되는 시기에는 리스크를 안고서라도 승부를 걸어볼 가치가 있다고 생각하는 사람이 많아지기 때문에 새로운 비즈니스를 시작하는 경우가 늘어난다. 고도경제성장기 등이 이에 해당한다.

한편, 물가가 지속적으로 상승하는 인플레이션 시기에도 금리를 높여서 물가 상승을 억제할 수 있는데, 이러한 주체를 인플레이션에 맞서 싸우는 사람이라는 의미로 인플레이션 파이터(inflation fighter)라고 부른다.

중앙은행의 온도 조절

가장 유명한 인플레이션 파이터는 미국 연방준비제도이사회(FRB) 의장과 재무 차관을 역임한 폴 볼커다. 그가 FRB 의장에 취임한 1979년 당시 미국은 두 자릿수 인플레이션과 높은 실업률 등 불황이 공존하는 최악의 스태그플레이션 시기였다.

이때 그는 금리를 대폭 올리고 통화 공급량을 억제하여 인플레이션을 성공적으로 잡아내면서 미국 경제를 일으켜 세우는 토대를 마련했다.

인간의 몸에 병균이 침투했을 때 면역 기능이 활발해지면서 발열하는 것과 같은 원리로, 금리를 올려서 스태그플레이션이라는 질병을 이겨내도록 한 것이다. 그러나 그의 금융 정책은 미국에는 약으로 작용했지만 다른 국가 특히 일본과 서독에는 독으로 작용했으며, 세계 금융 시장을 혼란에 빠트리고 말았다.

다시 본론으로 돌아가서, 이번에는 금리가 낮은 상태를 생각해보자. 앞서 말했듯 금리가 낮은 상태는 경제가 얼어붙은 상태다.

가령 금리를 인하하면 주택담보 대출 금리가 낮아지면서 주택매매가 늘어난다. 주택이 팔리면 주택을 만드는 건설업자, 판매하는 부동산업자, 토지소유자에게 자금이 돈다. 토지 가격이 오르면 소유자가 판매할 수 있는 가격이 상승하면서 부동산업자의 수수료 수입도 증가한다. 물가를 반영한 실질GDP에서 주택투자가 차지하는 비중이 3%에 달하는 만큼 주택 산업의 활성화는 경제 활동에 큰 영향을 미친다. 또한 저금리일 때는 과거에 높은 금리로 빌렸던 빚을 저금리로 차환할 수 있다. 그렇게 되면 개인은 자유롭게 사용할 수 있는 돈이 늘어나게 되고, 여유자금은 소비나 투자로 유입된다.

기업의 경우 금리라는 비용 부담이 줄어들게 되므로 그만큼 수익성을 높일 수 있다. 게다가 낮은 금리를 이용하여 차입을 늘리고 적극적으로 투자를 확대하려는 기업도 생겨난다. 기존의 높은 금리였다면 단념했을 투자건이나 프로젝트라도 사업 수익률을 비교했을 때 충분히 회수할 수 있다고 예측하는 기업이 늘어나는 것이다.

이 같은 적극성이 나타나면 설비 투자나 신규 고용, 공사나 건설, 인력 이동 혹은 더 나은 직장을 찾기 위한 이직, 더 나은 인재를 획득하기 위한 채용 활동 등 다양한 분야에서 돈이 돌기 시작한다. 이렇게 금리를 낮춰 경제 활동의 활성화를 꾀하는 것이다.

저금리는 무엇이 문제인가 - 디플레이션의 공포

여기서 문제가 되는 것이 있다. 저금리가 이어진다는 것은 경제의 체온이 계속해서 낮은 상태라는 의미다. 즉 경제 성장이 둔화하고 경기 회복에 이르지 못한다는 말이 된다. 이 같은 상황에 놓여 있는 것이 바로 일본이다.

요컨대 일본의 잃어버린 20년을 생각해보면 된다. 일본에서 이른바 '제로금리 정책'이 현실화된 것은 1999년의 일이다. 당시 일본은행 총재가 단기금리를 사상 최저치인 0.15%로 인하하면서 "제로라도 상관없다"라고 발언한 것에서 붙여진 이름이다.

당연하게도 일본은 1989년에 정점을 맞은 버블의 뒷수습을 위해 많은 시간이 필요했다. 좀처럼 회복되지 않는 경제를 어떻게든 부양시키기 위해 금리를 억누르고 재정을 계속 투입하여 가까스로 경제 규모를 유지해오고 있다.

이 기간에 일본의 경제성장은 어느 정도였을까? 버블의 정점이라 불리는 1989년부터 명목GDP 추이를 살펴보면 1997년까지는 미미하지만 계속해서 성장했다. 이후에는 500조 엔을 오르락내리락하는 상황이다.

같은 기간 미국은 약 4배, 중국 55배, 독일 3배, 영국 3.6배, 프랑스 2.4배, 이탈리아는 2.7배 성장했으니 1.3배에 그친 일본과는 큰 차이를 보인다. 유럽 주요 국가들의 GDP는 성장하고 있지만, 일본만은 제자리 걸음을 걷고 있다. (그림 1-3)

일본은 디플레이션 상태에 빠져버렸다. 물가 하락으로 가격 경쟁이 치열해지자 기업은 수익을 올릴 수 없게 되면서 고용을 줄이거나 임금을 동결하고 설비 투자를 자제했다. 그 결과 경기가 더욱 얼어붙어 버리는 디플레이션 스파이럴(deflation spiral) 즉 악순환에 빠지게 된 것이다.

악순환의 고리를 끊기 위해 제로 금리를 유지했고 최근에는 마이너스 금리를 도입했다. 그런데도 경제가 활성화되지 않자 일본은행이 직접 국채를 매입하기에 이르렀다.

일본은행은 법률상 국채를 직접 매입할 수 없다. 이것은 전쟁 중에 군사비를 조달하기 위해 닥치는 대로 화폐를 증발했던 과거의 반성에 기인한다. 중앙은행이 무분별한 재정 지출에 가담해버리면 통화 신용에 영향을 주게 된다. 하지만 현재 사실상 매입 금액을 공표하고 있고, 일

[그림 1-3] 세계 주요국의 GDP 추이(각국의 현지 통화 기준)

중국(위안화)

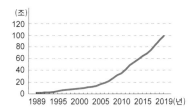

미국(달러)

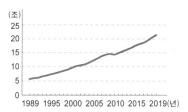

영국(파운드)

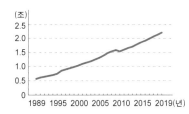

독일(유로)

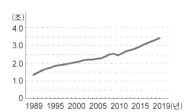

프랑스(유로)

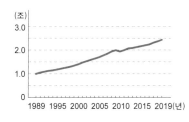

일본(엔)

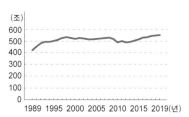

이탈리아(유로)

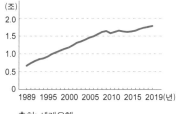

출처: 세계은행

본은행 트레이드*라는 방식으로 일본은행이 국채를 매입하여 보유하고 있다.

상장지수펀드(ETF)의 매입도 마찬가지다. ETF라는 만기가 없고 가격 변동성이 큰 금융 자산을 중앙은행이 이 정도까지 시장에서 사들여 보유하고 있는 것은 전대미문의 사태다.

이렇게 이야기하면 마치 일본만 절망적인 것처럼 들릴지 모르지만, 현재 선진국들도 똑같이 힘든 상황에 놓여 있다. 각국의 중앙은행은 마이너스 금리 도입, 국채 매입 등을 통해 어떻게든 경제를 부양시키려고 안간힘을 쓰고 있다.

사실 이것은 코로나19의 영향을 받기 전부터 계속되어왔다. 코로나19 이후에는 그런 움직임이 더욱 활발해지고 있으며, 마치 면죄부를 얻은 것처럼 금융 완화를 확대하고 시중에 정신없이 돈을 풀고 있다.

금융 정책뿐만 아니라 재정 지출이라는 면에서도 마찬가지다. 일본의 공적 채무 잔고는 GDP 대비 2.5배에 달한다. 국가 재정상 일본은 세계에서 가장 채무 비율이 높은 나라다. 그런데도 코로나19 같은 상황이 발생하면 재정을 투입하여 경제 침체를 막고 국민의 생활과 산업을 보호하기 위해 돈을 푼다. 하지만 재원은 결국 빚이 된다. 미국과 유럽 각국도 재정이 힘든 상태지만 빚을 늘려 대처하고 있다.

---

*   투자자들이 중앙은행의 매수 대상이 되는 회사채를 사들여 중앙은행에 고가로 매각하는 것 - 옮긴이

특정 업종을 집중적으로 강타한 코로나19

2020년은 근대사에 있어서 커다란 변환점이 되는 해다. 신종 코로나 바이러스가 중국에서 확산되기 시작하여 동아시아, 유럽, 미국 그리고 세계 각국으로 순식간에 퍼져나갔다.

세계보건기구(WHO)는 2020년 2월까지만 해도 세계적 대유행 즉 팬데믹이 아니라는 견해를 보였지만 결과적으로 같은 해 3월 11일에 팬데믹을 선언했고, 세계는 대혼란에 빠졌다. 특히 유럽과 미국에서는 감염자와 사망자가 눈 깜짝할 사이에 늘어났고 각국의 지도자가 '전시 상황'이라는 표현을 써가며 도시를 봉쇄했다.

일본은 56년 만에 도쿄올림픽과 패럴림픽이 열리는 해였던 만큼 2020년에 거는 기대가 컸다. 하지만 코로나 팬데믹 상황이 이례적으로 장기화되면서 인구 이동이 제한되었고 외출 자제 조치 등으로 한동안 공포 영화의 한 장면을 연상케 할 정도로 거리가 텅 비어버렸다.

도시에 인적이 드물어지고 인류가 멸망한 것 같은 광경이 눈앞에 펼쳐졌다. 학교는 휴교했고 회사는 재택근무 체제에 돌입했다. 대중교통 이용자는 격감했고 음식점 역시 일제히 문을 닫았으며 각종 이벤트가 중지되었다. 초등학교 입학식은 마치 전쟁 직후의 노천 수업장처럼 교정에 일정 거리를 두고 의자를 늘어놓은 채 열렸다. 지금껏 생각도 못해본 일들이 일어난 해였다.

이런 상황은 당연히 비즈니스에 영향을 준다. 기업 수익뿐만 아니라

고용에도 영향을 미치고, 경제 전체에 심각한 영향을 미친다. 일본 국내
는 물론 엄격하게 도시를 봉쇄한 유럽과 미국, 특히 감염자와 사망자가
많았던 미국은 실업자가 최대 2300만 명에 달하기도 했다. 그동안 낮은
실업률을 유지하며 4%를 밑돌 정도로 개선해왔지만 돌연 14%를 넘기
고 말았다. 과거의 수치와 비교해보면 이번 코로나19로 인한 실업률의
급증은 엄청난 수준이라는 것을 알 수 있다. 점차 개선되고 있긴 하지만
실업률은 여전히 높은 수준을 이어가고 있다. 이처럼 코로나19 재확산
은 경제 회복을 늦춰 앞으로도 장기간 영향을 미칠 것으로 예상된다. (그
림 1-4)

[그림 1-4] 미국 실업률

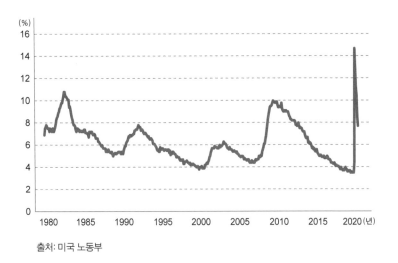

출처: 미국 노동부

코로나19로 가장 많은 타격을 입은 산업은 항공업계와 호텔, 음식점 등 서비스 산업, 일부 소매, 레저 산업 등이다. 이런 산업은 사람들의 소비 행동이 물건 소비에서 체험 소비로 변화하는 가운데 미래 성장산업으로서 고용을 확대해온 분야이기도 하다.

대표적인 글로벌 기업인 항공업계는 세계 각지로 여행객을 실어나르며 비즈니스 저변을 넓히는 데 공헌해왔다. 저비용항공사(LCC)의 확대로 많은 사람들이 보다 저렴한 비용으로 세계 곳곳에 접근하기 쉬워졌고, 이로 인해 레저 산업도 성장했다. 일본을 방문하는 외국인 관광객은 2000년 무렵만 해도 500만 명을 밑도는 수준이었지만 2019년에는 약 3200만 명까지 늘어났다. 최근 수년 동안 외국인 관광객의 증가로 호실적을 기록하던 기업과 지방 자치 단체들은 앞으로 시장이 더욱 확대될 것으로 기대하며 투자를 늘려왔다. 하지만 갑자기 증발해버린 외국인 관광객 수요를 내수로 채우기엔 역부족인 만큼 막대한 부담이 될 것으로 예상된다.

이렇게 많은 사람들이 전 세계를 자유롭게 오갈 수 있게 된 것은 항공업계의 발전·확대가 기여한 바가 큰데, 이 같은 수요가 갑자기 사라지면서 세계적으로 항공회사의 존속 여부가 불투명한 위기 상황에 놓였다. 항공업계는 조종사와 객실 승무원, 지상직 승무원은 물론 항공 정비사, 공항 내 근로자, 상점이나 음식점, 면세점 등 유기적으로 연계된 일이 많아 고용에 영향을 미친다.

호텔이나 여관 같은 숙박시설도 상황은 다르지 않다. 관광이 주요 산업인 지역일수록 코로나19로 인한 여파는 크게 작용하고 있다.

제조업도 피하지 못한 타격

항공업계와 관련한 제조업도 마찬가지다. 항공기 엔진 제조업체의 비즈니스 모델은 엔진 유지보수로 수익을 창출하는 구조다. 고온·고압의 극한 환경 속에서 빠른 속도로 회전하는 항공기 엔진은 부품을 자주 교체해주어야 한다. 부품 자체의 정밀도는 물론 매우 엄격한 기준으로 기기를 정비하며, 대형 항공회사의 정비사는 정비에 사용하는 특수공구 역시 철저히 관리하여 한 번의 실수도 용납하지 않는다.

한편 LCC는 비용을 최대한 줄이기 위해 자체 정비사나 정비시설을 갖추지 않고 엔진 회사에 정비를 일임한다. 즉 엔진 제조업은 기기 자체는 저렴하게 판매하고, 정비 계약을 통해 장기적으로 수익을 내는 구조라고 할 수 있다. 이는 자동차와 달리 기체와 별도로 엔진을 선택할 수 있다는 항공기의 특수성에 기인한다.

따라서 비행기가 뜨지 않으면 정비할 기회가 급감하므로 비즈니스 모델은 무너진다. 일정한 정비를 예상한 상태에서 정비공장과 정비사를 두고 운영하던 회사 측에는 큰 부담이 되어버린다. 이것은 엔진뿐만 아니라 기체 자체도 마찬가지로, 부품이나 소재를 도매하는 기업 역시 힘든 상황에 놓이게 된다.

지금껏 항공산업은 고도의 기술이 필요한 만큼 진입장벽이 높고 안정적으로 수익을 낼 수 있는 산업으로 여겨져 왔다. 하지만 세계적인 감염병 대유행이라는 상상도 못한 상황에 놓이게 되면서 제조업에까지 막대한 영향이 미치고 있다.

경제·고용은 큰 충격, 하지만 주가는…

여기서부터가 중요하다. 코로나19 불황이 세계 경제에 어두운 그림자를 드리웠음에도 일본 평균 주가는 2020년 초를 웃도는 수준까지 돌아왔다. 미국도 비슷한 상황으로 다우존스30 산업평균지수와 S&P500은 물론, 특히 나스닥 지수가 최고치를 경신할 정도로 주식 시장은 활황이다.

눈앞에서 벌어지는 일이 마치 다른 세상 이야기 같다. 한편에서는 산업이 무너지고 실업자가 늘어나고 경제에 큰 타격을 받고 있지만, 다른 한편에서 금융 시장은 사상 최고치를 기록하고 있다.

일본은 일본은행이 ETF를 계속해서 사들이고 있고, 미국은 연방준비제도(Fed)가 금융 규제를 대폭 완화하고 정부가 대규모 재정 지출 정책을 펼치면서 넘치는 돈이 주식 시장에 몰리고 있다.

메뚜기 투자자

최근 미국 주식 시장에서 일부 기업의 주가가 엄청나게 상승하고 있는 이유 중 하나로 개인투자자를 꼽는다.

뉴스 등을 통해 주식 거래 애플리케이션 '로빈후드'에 대해 들어본 적이 있을 것이다. 도시 봉쇄 이후 로빈후드에는 300만 개의 신규계좌가 개설되었고 현재 이용자는 약 1300만 명에 이른다. 하지만 이 기업의 성공 경위도 그렇고, 현재 사람들의 이용 방식이 정상적으로 보이지는 않는다.

우선 미국의 실업수당부터 이야기하자면 이렇다. 2020년 3월 중순에 도시를 봉쇄한 미국 정부는 실업수당을 늘리고 중소기업의 급여지급을 지원하는 등 잇따라 대책을 내놓았다. 이에 따라 고용 상황이 급속하게 악화하는 와중에도 미국 경제가 얼어붙지 않고 서민 소비 역시 어느 정도 지속되면서 대공황 때와 같은 상황에는 이르지 않았다. 신속한 대규모 대책은 호평을 받았지만, 추가 액수에 대해서는 지나치게 컸다는 평가를 받는다.

실업수당에 추가된 금액은 주당 600달러인데, 한 달을 4주라고 했을 때 2400달러나 된다. 1달러를 105엔으로 계산하면 한 달에 25만 엔으로 꽤 많은 금액이 추가된 것이다.

추가 금액을 포함하여 주당 지급한 미국 50개 주의 실업수당 평균은 고용총계에 따른 평균 주급과 거의 비슷하다. 추가 실업수당은 경제와 생활을 유지하는 데에는 분명 도움이 되었다. 하지만 오히려 근로 의욕을 잃게 만든 것은 아닌지 우려의 목소리가 높아지고 있다.

실업수당은 주에 따라 다른데, 일부 주에서는 평균 주급을 넘는 경우도 있다 보니 일하지 않는 편이 이득이라는 말조차 나오고 있다. (그림 1-5)

[그림 1-5] 미국 주별 실업수당+600달러 추가분(1인당, 주당)

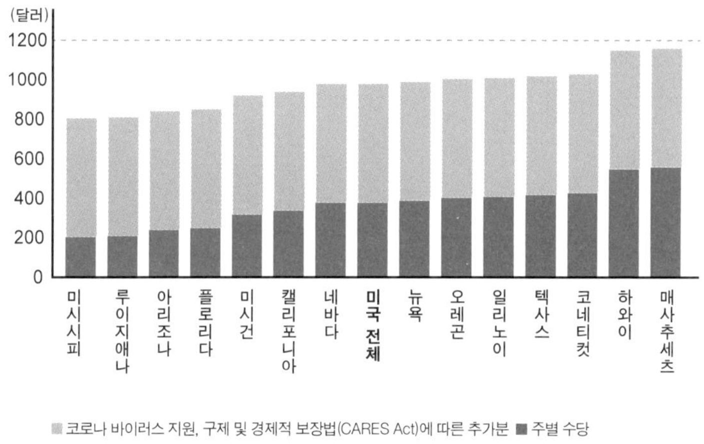

(달러)

■ 코로나 바이러스 지원, 구제 및 경제적 보장법(CARES Act)에 따른 추가분　■ 주별 수당
출처: 미국 노동부, 미국 노동통계국

도시 봉쇄로 인해 일도 못 하고 밖에도 못 나가는 생활이 이어지는 가운데 수중에 돈이 있다. 그런 상황에서 게임을 하듯 주식 거래를 할 수 있는 애플리케이션에 사람들이 몰려드는 것도 이상한 일은 아니다.

로빈후드라는 애플리케이션에서는 쉽게 주식 거래를 할 수 있다. 수수료가 무료인 데다가 통상적인 주식 거래는 일정 단위로 매입해야 하는 탓에 목돈이 필요했던 데 반해 소수점 매매처럼 소액으로도 거래가 가능하다. 상장지수펀드(ETF)나 옵션 등도 거래할 수 있고 게임처럼 조작이 편리해 폭발적인 인기를 끌고 있다.

미국 금융정보기관 블룸버그(Bloomberg)에 의하면 하루 거래에 따른 매출액을 타사와 비교했을 때 로빈후드는 431만 달러, 업계 주요 기업은 각각 384만 달러, 180만 달러, 110만 달러라고 하며 이 차이는 점점 더 벌어지고 있다.

로빈후드의 탄생에는 2011년 무렵에 일어난 '월가를 점거하라(Occupy Wall Street)' 시위가 큰 영향을 미쳤다. 2008년에 발생한 리먼 쇼크는 세계 경제에 큰 타격을 입히고 많은 금융기관과 기업을 위기에 빠뜨렸지만 결국 중앙은행과 정부에 의해 구제되었다.

이때 정면으로 비판을 받은 것이 파산 당시의 리먼 브라더스 임원진들이다. 구제금융 요청을 위해 정부를 찾아가면서 고급 전용기를 타고 오는 태도는 비난받아 마땅했고, 그들에게 거액의 보너스를 보증한 금융기관 역시 비판받았다. 엄청난 세금이 투입되어 구제받았지만 정작 세금을 내는 국민감정에 거스르는 행태를 보인 것이다.

빈부 격차가 극심한 미국 사회

빈부 격차가 극심한 미국에서는 상위 1%의 부유층이 소유하는 자산이 계속해서 증가하고 있다. 미국 의회 예산처 발표에 따르면 부유층 이외의 계층에서는 소득이 낮을수록 소유 자산 성장률이 낮은 것으로 밝혀졌다.

2007년 시점에 상위 1%의 부유층이 미국 자산 약 35%를 보유하고 있고, 다음 계층인 19%가 50%를 보유하고 있다. '우리는 99%다(We are the 99%)'라는 구호는 이 같은 데이터를 바탕으로 제기되었다.

수입에서도 차이가 벌어지고 있다. 1979년에서 2007년 사이에 상위 1% 계층의 수입은 평균 278% 증가했지만 60%의 중산층은 40%, 하위 20%는 18%밖에 늘지 않았다. 물가 상승률을 고려했을 때 중산층과 하위층은 실질적으로 수입이 줄어든 것이나 다름없다. 이것은 미국의 중산층이 쇠퇴하고 아메리칸 드림이 과거의 이야기가 되어버린 이유로 꼽힌다.

리먼 쇼크는 이런 상황을 더욱 악화시켰다. 대학을 졸업해도 취직하기가 어려웠다. 미국에는 학자금 대출을 받아 대학을 다니는 학생들이 많은데, 졸업 후 취직을 하지 못하면 대출 변제가 밀리게 된다. 하지만 정부는 타개책을 내놓지 못했다.

게다가 '대마불사(too big to fail)'를 이유로 구제된 대기업과 금융기관, 관련 경영자와 기득권층만 부유해지는 모습을 목격하면서 정계와 경제계에 대한 항의가 월가에서 시작되어 전 세계로 퍼져나갔다.

금융 민주화가 새로운 버블을 만드는 아이러니

스탠퍼드 대학 졸업생에 의해 설립된 로빈후드는 그런 상황에 놓인 젊은이들에게 투자 기회를 주고 수입이 많지 않아도 누구나 이용할 수 있는 금융 서비스를 제공하기 위해, 그리고 금융을 민주화하여 일반 시민에게 돌려놓기 위해 만들어졌다.

결과적으로 많은 시민이 이용하면서 금융 서비스는 민주화되었다. 코로나19 상황 속에서 미국의 일반 시민은 주식 투자를 통해 다시 일어설 기회를 손에 넣게 된 것이다. 그런 점에서 창업 이념은 제대로 기능하고 있고, 사업이 성장하는 이유도 납득할 만하다. 하지만 아이러니하게도 이용자 대부분이 게임처럼 쉽게 접근할 수 있는 투자는 사실 도박이 될 수도 있다.

투자에 대해 제대로 이해하지 않은 사람이 애플리케이션의 편리한 접근성과 게임처럼 쉬운 조작법으로 인해 손실 리스크를 실감하지 못한 채 투자하게 된다. 계약 내용을 잘 몰라도 옵션이나 신용 거래를 할 수 있다. 그야말로 사람들을 온라인 카지노에 몰아넣은 것이나 다름없다.

옵션이라는 금융상품은 권리를 매매하는 것이다. 권리를 언제 행사하는가는 계약에 따라 다르지만, 일반적으로 권리를 행사하는 기일이 다가올수록 가치가 떨어진다.

이유는 이렇다. 기초자산을 지정 가격(권리행사가격)에 매수, 매도할 수 있는 권리를 보유한다고 가정하자. 기일이 가까워지면 기초자산 가격이 얼마가 될지 예상하기 쉬워진다. 먼 미래일수록 정확하게 예상하기가 어렵다. 따라서 미리 정해진 가격으로 매매할 수 있다는 점에 가치가 있는 것이다.

최근 기일이 다가오는데도 옵션 가격이 상승하는, 일반적이지 않은 현상이 발생했다. 2020년 여름 미국 시장에서 특정 업종의 기업 주가가 크게 상승했는데, 신용 거래와 옵션 거래에 많은 참가자가 유입된 것이 그 원인으로 알려졌다.

어째서 초보 투자자들이 몰려들었을까? 그것은 생활고에 시달리던 한 싱글맘이 로빈후드를 이용하여 거액의 수익을 올렸다는 소문이 SNS를 통해 빠르게 확산되면서 '나도 돈을 벌 수 있다'라고 생각한 사람들이 너도나도 몰려들었기 때문이다.

막무가내식 투자는 버블을 부른다

미국이 도시를 봉쇄했던 시기에 미국 주식 시장에 상장해 있던 중국 기업 'FangDD(팡둬둬)'의 주가가 하루 만에 급등하더니 금세 원래 자리로 돌아온 일이 있었다.

주가가 갑자기 오른 이유는 기업 이름이 'FANG(페이스북, 아마존, 넷플릭스, 구글)'과 매우 비슷하여 다수의 초보 거래자가 실수로 매수를 하면서 가격이 상승했고 그것에 초단타 매매가 반응했기 때문이다.

모두가 돈을 벌고 싶은 마음에 무언가를 향해 달려든다. 그런 마음이 커다란 무리를 지어 이리 몰리고 저리 몰린다. 마치 메뚜기 떼가 앞다퉈 곡물에 달려들어 남김없이 먹어 치우는 것처럼 말이다.

아프리카와 중동에서는 이상기후로 사막 메뚜기 떼가 대량으로 발생하면서 식량 생산과 환경에 피해가 우려되고 있는데, 금융 시장에서 발생한 메뚜기 투자자도 시장을 크게 변화시키고 있다.

그것을 잘 보여주는 현상이 하나 더 있다. 사람들에게 잘 알려진 기업 주식이 집중적으로 거래되고 있는 점이다. 예를 들어 GAFAM(구글, 아마존, 페이스북, 애플, 마이크로소프트) 같은 기업이나 재택근무를 하게 되면서 세계적으로 이용자가 급증한 ZOOM, 전기자동차로 유명한 테슬라 등이 그렇다. 로빈후드를 통해 일본 주식에도 투자할 수 있다 보니 세계적으로 잘 알려진 닌텐도와 소니의 주가도 상승세를 보이고 있다.

도시가 봉쇄된 사이 온라인으로 서로 교류할 수 있는 닌텐도 게임 〈모여봐요 동물의 숲〉은 코로나19 감염 확대로 격리된 생활에 지친 사람들에게 위안이 되어주면서 폭발적인 인기를 끌었다.

〈모여봐요 동물의 숲〉은 미국 민주당의 대통령선거 캠페인에 이용되면서 평소 게임을 즐기지 않던 사람들에게도 주목을 받았다. 닌텐도의 게임기인 닌텐도 스위치는 품귀현상을 빚었고 고액에 되팔릴 정도로 인기를 끈 덕에 많은 로빈후드 이용자가 투자를 결심했다. 소니는 미국 내 지명도뿐만 아니라 플레이스테이션5 발매에 대한 기대 심리가 더해지며 투자자 저변이 넓어졌다.

여기에서 예로 든 기업들은 대부분 코로나19 상황에도 이익을 내고 있거나 오히려 사업을 성장시킨 기업이다. 그런 면에서는 정당한 평가라고 할 수 있지만, 애초에 평가 자체가 높았던데다가 더 큰 자금이 유입된 만큼 현재 주가는 정당하다고 느끼기 힘들 정도로 급등해버렸다. 앞서 언급한 옵션 이야기가 여기에서 이어진다.

옵션이 상식적인 수치를 넘어서는 높은 가격에 거래되고 있다. 그것은 이 모든 상황이 논리적으로 성립할 수 없다는 사실을 무시한 채 거래하는 투자자가 많아졌기 때문이다. 자산의 가치를 올바르게 파악하고 상품 특성을 제대로 이해하고 있으면 일어나지 않았을 현상이다.

주가가 오를 것 같아서, 혹은 유명하다는 이유만으로 거래하다 보면 과거의 버블과 같은 상황을 피할 수 없다.

기관투자자는 버블이 시작된 것을 알고 있다

주가가 오르는 데에는 그에 상응하는 이유가 있다. 그리고 설명할 수 없을 정도가 되면 설명하기 위한 재료가 나타난다. 근래 수년간 주가 상승을 설득하는 키워드는 자사주 매입의 성행, 금융 완화, 그리고 저금리다.

우선 자사주 매입에 대해 살펴보자. 미국 주식 시장, 특히 S&P500은 리먼 쇼크 이후 크고 작은 변동은 있었으나 안정적으로 우상향을 그리고 있다. 일본이나 유럽 주요국의 주식 시장과는 큰 차이를 보인다.

주가를 설명하는 다양한 방식 가운데 가장 일반적인 방법은 주당순이익(EPS)×주가수익비율(PER)=주가(PRICE)로 설명하는 것이다. 따라서 투자자는 EPS의 성장에 주목한다.

일반적으로 기업의 이익이 늘어나면 EPS도 성장한다. 그런데 회사의 이익이 늘지 않아도 발행 주식 수를 줄이면 EPS를 증가시킬 수 있다. 기업이 그런 방법을 써서라도 EPS를 높이는 이유는 무엇일까?

첫 번째 이유는 미국에서 주주 자본주의가 대두되면서 주가 상승이야말로 곧 경영자의 사명이라는 공식이 굳어졌기 때문이다. "기업은 누구의 것인가"라는 질문에 주주라고 답하는 것이 미국기업에 있어서 상식이었다.

이것은 '주주는 경영자에게 경영을 위탁한 것이며 기업의 소유주는 어디까지나 주주'라는 사고방식이다. 경영자는 주주의 입장에서 경영해야 하며, 주주를 위해 배당을 늘리고 주가를 높이기 위해 노력해야 한다. 그러나 최근 주주 자본주의가 격차 확대 등의 부작용을 불러왔다는 지적이 잇따르자 미국 경영자들 사이에서 이러한 사고방식을 고치려는 움직임이 생겨나고 있다. 하지만 아쉽게도 아직 눈에 띄는 변화에는 이르지 못했다.

자사주 매입을 통해 기존의 성장에 추가로 EPS를 성장시키면 주가는 상승한다. 그것은 경영자에게도 좋은 선택지가 된다.

두 번째 이유는 저금리 덕분에 차입 부담이 낮아졌다는 점이다. 기업 자본은 크게 은행 차입이나 회사채 발행 등 부채로 조달한 타인자본과 주주로부터 조달한 자기자본으로 나뉜다.

은행 차입이나 회사채는 기업의 신용, 재무 상황, 장래성 등을 참작하여 금리가 정해진다. 한편 주주가 요구하는 기대수익은 투자하는 주주에 따라 다르긴 하지만, 파산 리스크를 고려하지 않을 수가 없으므로 국채나 회사채 금리보다는 높아진다. 즉 타인자본과 자기자본을 금리로 비교하면 주주의 요구수익에 대한 금리가 더 높다고 할 수 있다.

금리보다 높은 주주의 요구수익

이제 경영자의 입장에서 생각해보자. 만약 은행 차입이나 회사채 발행이 가능한 상태이고 주주가 높은 요구수익, 그러니까 주가의 상승을 기대한다면 어떻게 할까?

부채로 조달한 자금을 이용해 자사주를 매입하면 일거양득이 된다. 그뿐 아니라 계산상 자기자본비율이 낮아지므로 자기자본이익률(ROE)이 높아지면서 훌륭한 경영자로 인정받을 수 있다.

리먼 쇼크 이후 중앙은행은 금리를 낮추고 각종 금융 자산 매입 등을 포함한 대규모 금융 완화 정책을 이어왔다. 은행은 저금리 상황에서는 대출로 인한 이자 수익이 줄어들기 때문에 다른 수익 기회를 모색한다. 그 가운데 하나가 회사채 발행 수수료이며 회사채에 대한 투자다. 이것이 기업의 자사주 매입을 부추기고 있다.

앞서 S&P500이 상승곡선을 그리고 있다고 했지만, 사실 리먼 쇼크 이후의 주가 상승은 자사주 매입이 떠받치고 있는 것이나 다름없다. 2012년부터 2019년 말까지 S&P500의 시가총액 상승분은 15조 달러인데 동기간 자사주 매입에 사용된 금액이 무려 4.4조 달러에 이른다. 같은 기간 지급된 배당금 3조 달러를 훨씬 웃도는 금액이다.

자사주를 매입한다고 반드시 주가가 상승하는 것은 아니다. 기업에 대한 기대가 낮아지면 앞서 말한 PER이 낮아지면서 주가는 상승하지 않는다. 하지만 단순히 비교해도 4.4조 달러/15조 달러=29.3%이므로 약 30%나 되는 셈이다. 자사주 매입과 배당을 합친 총 환원이 7.4조 달러/15조 달러=49.3%까지 확대된 것을 보면 그 영향력을 짐작할 수 있다. 물론 기업이 계속해서 성장한다면 아무 문제가 없다. 하지만 동기간 EPS 성장률이 한 주당 매출액이나 기업 매출의 증가율을 넘어서고 있는 만큼 자사주 매입으로 인해 EPS가 증가했다는 사실을 알 수 있다.

2018년 이후 미국은 EPS 상승세와 대규모 자사주 매입이 성행하면서 주가 수준을 끌어올렸는데, 여기에는 트럼프 행정부가 펼친 법인세 감세 정책이 큰 영향을 미친 것으로 여겨진다.

주가 상승의 방정식

저금리는 자사주 매입을 유발하고 주가를 끌어올릴 뿐만 아니라 PER을 상승시키는 효과가 있다. 이런 상관관계를 이용하여 전문가들은 비정상적인 주가 상승의 이유를 설명한다. 그러면서 현재 상황이 버블을 향하고 있다고 단언한다.

이론주가를 구하는 방정식으로, 수식은 다음과 같다. EPS 혹은 한주당 FCF(free cash flow, 잉여현금흐름)를, rf(risk free rate, 무위험이자율: 국채수익율)와 RP(risk premium, 위험프리미엄: 가산금리)를 더한 뒤에 g(배당성장률)를 뺀 값으로 나눈다.

$$\text{이론주가} = \text{EPS}(\text{한주당}FCF)/(rf+RP)-g$$

현재 EPS나 한주당 FCF를, 주주의 요구수익률에서 성장률을 뺀 이율로 할인하여 이론주가를 구하는 모델이다. 이 수식은 배당할인모델이라고 불리는데, 최근에는 배당금을 나눠주지 않고 기업 성장을 위해 사용하는 첨단기술기업이 많은 만큼 배당 재원인 이익이나 FCF를 이용하여 수식을 짜보았다.

이제 수식에 구체적인 숫자를 넣어보자. 우선 한 기업의 EPS가 50엔, rf가 4%, RP가 6%, 성장률을 5%라고 가정했을 때 이론주가는 1000엔이 되며 PER로 보면 20배가 된다. 만약 금융 완화로 금리가 낮아져서 절반 수준인 2%가 된다면 이론주가는 1666엔이므로 60% 넘게 상승하게 되고 PER은 33배가 된다.

금융 완화가 더욱 확대되어 제로 금리가 되었다고 가정하면 이론주가는 무려 5000엔으로 금리가 4%일 때보다 5배, 2%일 때보다 3배 높아지며, PER은 100배라는 엄청난 고평가가 된다. 즉 금리가 낮아지면 낮아질수록 주가 상승 압력이 높아진다. 같은 2%의 금리 저하라도 4%에서 2%로 금리가 낮아지면 66% 정도 상승하지만 2%에서 0%가 되면 200% 상승하기 때문이다.

앞서 성장률 g를 5%로 설정했는데, 성장률을 높이면 어떻게 될까? 가령 g를 6%로 계산하면 rf 2%의 경우 2500엔에 PER 50배다.

마지막으로 rf가 0%인 경우는 계산이 불가능하므로 rf를 0.1%로 두고 계산해보면 주가는 무려 5만 엔이 되고 PER은 1000배가 된다. 그야말로 비정상적인 주가이지만 계산상으로는 설명이 된다.

저금리는 주가를 상승시킨다?
- 성장률을 일정하게 유지할 수 있는가

여기에서 생각해두어야 할 점이 있다.

첫 번째는 계산상 성장률을 5%로 일정하게 잡아두었지만, 실제로 그 성장률을 계속 유지할 수 있는가?

두 번째는 그에 대한 위험프리미엄이 변하지 않는가?

마지막으로 정책금리가 제로에 가깝다는 것은 성장이 어렵다는 의미인가? 하는 점이다.

가령 EPS가 50엔이고 주가가 1250엔인 기업이 있다고 하자. PER이라는 척도로 측정하면 25배가 된다. EPS는 회계연도 1년 기준 수치이므로 투자금을 온전히 회수할 수 있는 것은 25년 후다. 그때까지 기다리는 것도 방법이 될 수는 있다.

10년이면 강산이 변한다는 속담대로라면 25년은 강산이 바뀌기를 두 번 반이나 기다려야 한다는 말이 된다. 이미 시대가 변해있을 가능성이 있다.

10년 전을 돌이켜 생각해보면 2010년을 전후로 스마트폰이 보급되기 시작했고 PC나 반도체 산업, 통신업계를 중심으로 우리의 삶이 완전히 달라졌다. 우수한 기업이나 비즈니스 모델의 기준이 변했고 그 여파로 소비자의 생활양식도 달라졌다. 주요 미디어는 텔레비전이나 잡지, 신문에서 SNS로 옮겨갔고 전자상거래가 급성장했으며 택시 배차 서비스나 결제 수단 등 다양한 업계의 질서가 바뀌었다.

이러한 변화 속도를 고려했을 때 25년을 기다린다는 것은 위험부담이 꽤 커 보인다. 다시 말해 고평가로 보이기도 한다. PER이 200배가 되면 200년을 기다려야 한다는 말이 된다. 그야말로 한 세기를 훌쩍 넘긴 기간이다.

최근 첨단기술기업의 주가 상승이 두드러지는 이유는 높은 연간 성장률 때문이다. 매년 두 자릿수 성장률을 이어가는 기업이 많다 보니 이미 시가총액이 높아져 있는 상태에서 성장을 거듭하는 경우가 많다. 그렇게 높은 주가가 용인되고 있지만, 대형 기업일수록 성장은 점점 어려워진다. 시대가 변해가는 속도를 고려하면 더욱더 그렇다.

앞서 말했듯이 PER 200배란 200년 넘게 기다릴 가치가 있다는 평가를 의미한다. 하지만 100년 기업이 많다고 알려진 일본의 경우, 일본 경제 성장이 부진한 이유로 기업의 신진대사가 원활하지 않고 기업가 정신이 낮다는 점을 꼽는다. 그런 점에서 PER 평가는 현실과 모순되는 것처럼 보이기도 한다.

게다가 이것은 기업 이익을 100% 배당으로 환원하는 것을 전제로 한 계산이다. 배당으로 투자액을 온전히 거두어들이려면 더 많은 시간이 필요한 셈이다. 기업은 모든 이익을 배당이나 자사주 매입을 통해 주주에게 환원하지 않는다. 이익 일부는 내부유보하거나 차입금과 회사채를 변제하여 재무 구조를 강화하는 데 사용한다.

대부분 연구개발, 시설투자, 인재육성이나 M&A를 활용하는 등 장래 성장을 위해 투자한다. 그로 인해 기업의 계속성이나 장래 성장에 대한 기대가 높아지고 PER이 상승하면서 주가도 상승하게 되는 것이다. 그러므로 실제로는 PER 수치만큼의 기간을 기다릴 필요는 없다고 여겨진다.

다만 계속해서 성장을 이어가는 것은 매우 어려운 일이다. 따라서 그것을 상정해둔다는 것은 거의 불가능에 가깝다.

저금리는 주가를 상승시킨다?
- 위험프리미엄은 변하지 않는가

위험프리미엄은 첫 번째와 깊이 관련되어 있다. 장래를 상정하는 기간이 길어질수록 가격 변동에 대한 위험부담은 커지고 그만큼 위험프리미엄은 높아진다.

앞서 예로 든 스마트폰의 경우를 생각해보자. 소비자 생활양식의 변화는 문화나 정치에도 변화를 일으킨다.

아랍의 봄이라고 불리는 이슬람권 국가들의 대규모 반정부 시위는 그동안 통제되어온 미디어가 아닌, 다양한 소셜미디어가 확산을 주도하면서 대중을 움직이는 중요한 역할을 했다. 반정부 시위가 일어나자 북아프리카와 중동 지역에서는 내전이 발생했고 많은 사람이 난민이 되어 유럽 등지로 향했다. 스마트폰의 지도 애플리케이션 덕분에 위치를 정확하게 파악할 수 있게 되면서 어느 방향으로 가야 유럽에 닿을지, 또한 SNS를 사용하여 어떤 경로로 가야 도움을 받을 가능성이 커지는지 등을 공유할 수 있게 되었다. 이전과 비교하여 성공확률이 확연히 높아지자 유럽으로 향하는 난민이 급증했다.

이처럼 생활양식뿐만 아니라 문화와 사고를 변화시키는 혁신적인 제품이나 서비스의 등장이 국가와 지역에도 영향을 미친다. 게다가 기술혁신은 기존의 질서를 파괴할 가능성이 있고 국가 간 정치적 대립의 씨앗이 되기도 한다.

현재 미·중 문제가 그러하다. 미국의 중국 첨단기술기업에 대한 압박은 그야말로 위험프리미엄을 상승시키는 요인이라고 할 수 있다. 하지만 위험프리미엄은 대부분 무위험이자율(rf)에 대해 사용되는 경우가 많고 그 외에는 거의 고려되지 않는다.

어찌 되었든 국채수익율을 계속해서 최저 수준으로 유지하는 것은 매우 어려운 일이다.

저금리는 주가를 상승시킨다?
- 저금리는 경기 불황을 의미하는가

마지막 문제가 가장 큰 모순이다. 반복해서 말하지만 금리는 경제의 체온이라고 불린다. 경기가 좋을 때는 자금이 빨리 돌고 새로운 돈벌이가 생겨나면서 경제의 파이가 커진다. 화폐유통속도가 빨라지면 버블이나 인플레이션이 발생하고, 그로 인해 경제가 혼란해지면 정책금리를 높여서 제어한다. 그것이 현시점의 경제 체제, 은행 시스템이다.

역설적으로 말해서 금리가 제로에 가깝다는 것은 거의 성장하지 않고 있다는 말이다.

물론 제로 금리는 경제를 성장시키기 위한 먹이로서 일시적으로 금리를 낮춰 경제를 활성화시키는 목적으로 활용되기도 한다. 따라서 전혀 성장하지 않는다고 말할 수는 없다. 하지만 리먼 쇼크 이후 일본, 미국 및 유럽 주요 국가는 장기에 걸쳐 제로 금리, 금융 완화 정책을 펼쳐왔고 특히 일본은 20년 넘게 이어가고 있다. 이런 환경에서도 성장을 거듭하는 기업은 많이 존재하며, 그런 기업에 투자하면 될 일이다. 하지만 경제 상황만 두고 봤을 때 성장하기 어려운 환경임에는 분명하다. 그런 상황 속에서 창업을 촉진하는 것만으로 성장하기를 바라는 것은 바람직하지 않다.

성장기업은 수요를 발견하고 새로운 서비스를 제공하여 지금껏 불편했던 점이나 과제를 해결하고 새로운 시장을 개척한다. 따라서 그들이 높은 성장률을 보이는 것은 어쩌면 당연한 일이다.

한편 경제 전체가 성장이 부진하면 기존 산업이나 기업은 고객을 잃게 된다. 이것이 비즈니스에서 흔히 일어나는 흥망성쇠라고는 하지만, 정작 현장에서는 고용이 줄고 지역이 피폐해지고 부동산 가격이 하락하고 경제가 축소된다. 그런 지역이나 산업군에서 일하는 사람들은 궁핍해지고, 성장세를 이어가는 산업에 종사하는 사람들은 부유해진다. 그렇게 격차는 더욱 벌어지게 된다.

저금리라고 해서 무리하게 성장시키려고 하면 그에 따른 반작용이 생기게 마련이고, 한정된 파이를 두고 다투는 상황에 놓일 수밖에 없다. 이론상으로 저금리는 주가를 높이는 요인임이 분명하다. 하지만 그렇다고 그것을 무조건 믿어서는 안 된다.

지금까지 이야기했듯 위험프리미엄이나 성장률을 생각하면 단지 rf만을 낮춰서 높은 평가를 정당화하려는 것은 말이 안 되는 이야기다. 거기에는 저금리에 따른 윤리적인 문제가 담겨 있다.

디지털화는 순풍이지만

코로나19 확산 이후 특히 첨단기술기업의 주가가 상승했다. 디지털 전환(Digital Transformation)이 가속화되면서 통상 2, 3년은 걸리던 변혁이 두 달이라는 짧은 기간 안에 일어났다. 그만큼 단기적으로 높은 성장률이 기대된다.

또한 경합이 적어 그 시장을 거의 독점하고 있는 기업이나 IT산업 특유의 네트워크 효과, 재생산 비용이 매우 낮다는 특성이 수익과 이익률을 끌어올리는 데 중요한 역할을 하고 있다. 그런 이유로 기대치가 높아져 있는 것도 사실이다.

그렇다고 해도 이상할 정도로 주가가 상승하고 있다. 거기에는 몇 가지 이유가 있다. 우상향 곡선을 그리며 오르는 주식을 보고 많은 초보 투자자가 무턱대고 시장에 뛰어들고 있다는 점, 사는 사람이 늘어나는 만큼 주가는 더욱 상승한다는 점, 비정상적으로 높은 주가여도 설명 가능한 모델을 사용하면 지금 일어나고 있는 현상을 정당화할 수 있다는 점, 시장의 상승세가 유지되기를 바라는 전문 투자자들이 상황을 더욱 부추기고 있다는 점 등이다. 모두가 힘을 합쳐 거대한 버블을 만들고 있는 것이나 다름없다.

중앙은행의 중앙은행이라고 불리는 국제결제은행(BIS)은 금융 시스템을 분기별로 평가한다. BIS가 2020년 3월 이후 주식 시장의 상승에 대해 저금리가 가져온 효과를 수치화한 결과 미국은 상승의 절반, 유로권은 상승의 1/5을 차지한다고 발표했다.

각국의 중앙은행은 자국 정치권과 이해관계가 얽혀있다 보니 이 같은 점을 겉으로 드러내지 않는다. 빈부 격차 심화나 버블 붕괴에 대한 책임을 떠맡고 싶지 않기 때문이다.

현실을 들여다보자

이렇게 생각하다 보면 주식 시장이 코로나19 이전 수준으로 돌아가 있는 것에 의문이 생길 수밖에 없다. 물론 1차 유행 이후 중증 환자 비율이 줄어들었고 감염자와 사망자의 증가세도 안정되었다. 당시는 치료약이나 백신이 없었고 치료법도 확립되지 않은 상태였다.

그런 상태에서 인플루엔자 같은 기존의 감염증에 대해서도 내성이 낮고 급성질환으로 발전될 가능성이 큰 고령자나 기초질환자뿐만 아니라, 젊고 건강한 사람이라도 면역반응이 과다하게 이뤄지면서 정상 세포를 공격하는 '사이토카인 폭풍'을 일으키게 되면 인공호흡기가 필요할 정도로 위독해진다. 그렇게 세계는 혼란에 빠졌다.

인공호흡기를 다룰 수 있는 의사는 물론 지역에 따라서는 에크모(ECMO, 체외막 산소 공급장치)가 부족했고, 집중치료실은 가득 찼으며, 의료 자재 부족으로 의료종사자에게도 감염이 확산되었다. 이러한 코로나19 관련 뉴스가 연일 쏟아져나오면서 지나칠 정도로 공포심이 만연한 경향도 없지 않다.

하지만 유럽에서는 또다시 이동 제한 조치가 시행되는 등 세계적으로 3차, 4차, 5차 유행의 경계를 늦출 수 없는 상황이다. 이런 상황이 계속되면 과거와 같은 경제 활동으로 돌아갈 수 없을지도 모른다. 특정 업계나 산업에 상당한 충격이 남을 수밖에 없음을 인정해야 한다. 앞서 예로 든 항공업계나 레저, 서비스 산업에서는 이미 고용과 소득 감소에 관한 뉴스가 들려오고 있다.

이런 상황의 장기화는 정부나 정치가들에게 있어서 커다란 고민거리다. 고용 상황이 개선되지 않고 소득 감소가 이어지면 사회보장 등의 문제로 발전할 수 있기 때문이다. 새로운 일자리를 창출하거나 재교육에 나서려고 해도 어느 정도의 시간이 필요하다. 당장 상황이 개선되지 않는 한 민중의 분노는 결국 정부를 향하게 된다.

따라서 정치가들은 급한 불부터 끄고 보자는 심산으로 해서는 안 될 대책에 손을 대고 만다. 그리고 의회나 기득권을 가진 사람들, 다양한 입장의 사람들에게 의견을 듣지도 않고 급히 결정한 금융 정책으로 안일하게 대처하고 있다.

제 2 장

세계 경제는 버블 위에
버블을 쌓고 있다

Financial Bubble Crisis

버블이란 무엇인가?

이쯤에서 버블이란 무엇인지에 대해 생각해보자. 버블이란 특정 자산의 가격이 실질적인 가치를 훨씬 뛰어넘는 가격까지 상승해버리는 것을 말한다. 그다지 관심이 없었던 사람들까지 "돈이 된다", "더 늦기 전에 올라타야 한다"라며 너도나도 주식 시장에 발을 들이고, 마치 그런 상황이 영원히 이어질 것만 같은 광적인 상태가 되는 것이 버블이다.

지금까지 인류는 여러 차례 버블을 경험했다. 당시 광적인 분위기에 휩쓸려 높은 가격에 사들였지만, 시간이 흐른 뒤에 돌이켜보면 자신이 왜 그랬는지 이해가 안 된다고 말하는 사람도 있다. 하지만 인간의 사회성은 종종 마이너스로 작용할 때가 있다. 이를테면 집단 히스테리 같은 것이다. 그 시점에는 결코 깨닫지 못한다.

인류가 과거에 일으킨 버블에 대해서는 다음 장에서 자세히 이야기할 것이다. 여기에서는 과거의 버블과 현대 버블의 차이에 대해 살펴보자.

결론부터 말하면 현대의 버블은 금융 정책 즉 금융 완화에 의해 생겨났다는 점이 과거와 다르다. 이전 버블의 뒷수습을 위해 시행한 금융 완화가 다음 버블을 만들어내는 악순환이 이어지고 있다.(그림 2-1)

[그림 2-1] 되풀이되는 위기 대응과 버블 발생

버블이 붕괴되면 경기 후퇴에 빠지고 경제가 혼란해진다. 그러면 금융 정책으로 어떻게든 해결해보고자 금융 규제를 완화한다. 특히 선진국은 국가재정이 빠듯한 탓에 재정 지출로 경기 부양을 노리기가 쉽지 않다.

그래서 매번 손쉬운 금융 완화로 대처하게 되는 것이다. 결국에는 금리를 낮추거나 자금을 공급하여 시중에 돈을 풀다 보니 이후 발생하는 자산 가격의 상승을 통제할 수 없게 되고, 실질적 가치에 맞지 않은 가격으로 부풀어 오르고 만다.

일본 버블은 누가 봐도 정상이 아니었다. 당시 토지 가격과 주가의 급등만 봐도 알 수 있다. 토지나 건물을 실제로 확인하지 않고 권리서만 가지고 매매하는 등 일반적으로 생각하기 어려운 일이 당시에는 빈번하게 일어났다. 상장하기만 하면 주가는 당연히 올라가는 것이라고 모두가 믿고 있었다. 야마노테선으로 둘러싸인 도쿄 중심부의 토지 평가 총액이 미국 전체 토지가와 비슷하다는 이야기가 나돌 정도였다. 하지만 냉정하게 생각하면 말이 안 되는 이야기다.

그러나 당시에는 일본 전체가 들썩였고 경제 대국으로서 앞으로도 영원히 그 상태가 지속될 것이라 믿었다. 이 같은 광적인 상태가 바로 버블이다.

금융 완화가 버블을 만든다

일본 버블은 금융 정책으로 인해 발생했다. 1980년대 당시 일본은 미국의 압력으로 시행한 과도한 금리 인하, 그리고 금융 완화의 영향으로 은행이 대출 경쟁에 나서면서 부동산 가격이 상승했고 그 열기는 주식 시장을 뜨겁게 달궜다.

일본 버블은 금융 완화로 인해 생겨났고 규제로 인해 붕괴했다는 사실이 그 당시 정책당국자들 사이에서 회고되었다. 결과적으로 일본 정부에 의한 과도한 규제 강화와 준비되지 않은 금융 시스템이 버블 붕괴라는 급격한 폭락을 불러일으킨 것이다.

이후 발생한 세계적인 IT 버블 역시 그 원인은 경제 위기에 대한 대응이었다. 1997년 아시아 통화위기, 1998년 러시아 통화위기와 그 영향으로 LTCM(Long Term Capital Management, 운용사에는 노벨 경제학상 수상자, 이사회에는 전 FRB 부의장 등 쟁쟁한 구성원들이 이름을 내걸고 만든 헤지펀드)이 파산에 이르자 금융 시장의 혼란을 진정시키기 위해 예방적 조치로서 금융 완화를 시행하였고, 대량으로 공급된 돈이 당시 급부상한 IT 산업에 흘러들면서 새로운 버블을 만들어냈다.

IT 혁명이라고 불리며 세상에 엄청난 변화를 가져올 것으로 기대를 모았지만, 결국은 사업 활동의 실체도 없고 수익도 없는 벤처기업에 돈이 몰리는 사태가 벌어졌다. 거기에 금리 상승과 미국 동시다발 테러 발생, 엔론 사건과 월드컴 파산이 더해지면서 미국의 경제, 금융 시장이 대혼란에 빠졌다. 그 영향으로 IT 관련 종목과 벤처기업이 모여 있던 나스닥 시장은 정점을 찍은 지 2년 반 만에 78% 가까이 하락하고 말았다.

버블의 무서운 점은 사람들의 이성을 잃게 만든다는 데 있다. 주식 시장이 버블 상태에 있을 때는 그 열기를 이용하여 많은 기업이 자금 조달에 나선다. 어떻게 보면 투자자 측이 돈을 내고 싶어 안달하는 시기이기 때문이다.

그런 때는 옥석을 가려야 할 미디어나 여론조차 냉철함을 잃는다. 결국 일부 기업이 성장하고 있는 것처럼 투자자를 속여도 탐욕에 눈이 먼 투자자는 그것을 알아차리지 못한다. 특히 2001년 발생한 엔론 사건은 회계사무소나 감사법인을 바라보는 시선이 엄격해지는 계기가 되었다. 이 사건은 감시하는 측이 사사로운 이익에 눈이 먼 나머지 판단력을 잃고 부정에 눈을 감아 버린 최악의 사례로 꼽힌다. 주식 시장이 과열되고 탐욕에 눈이 먼 사람들이 많아지면 이 같은 비상식적인 일이 일어나는 것이다.

리먼 쇼크도 애초에는 미국의 주택 버블과 서브프라임 모기지 사태에서 시작되었다. 하지만 대규모 금융 완화와 금융공학으로 만들어낸 금융 상품이 만든 사람조차 이해하기 어려울 정도로 복잡해지면서 금융 시스템을 사상누각 상태로 만들어버렸다는 점 역시 중대한 원인으로 꼽힌다.

버블은 쉽게 무너진다

미국의 주택 버블은 IT 버블이 무너진 후에 시행된 저금리와 대출 조건 완화의 영향으로 주택 취득 바람이 불면서 시작되었다. 주택담보 대출 금리가 낮아지자 조금만 무리하면 주택을 매입할 수 있게 된 것이다.

대출 조건이 완화되면서 과거에 융자를 받을 수 없었던 사람들도 대출을 받을 수 있게 되었다.

노동인구 역시 계속해서 늘어나는 상황이었기 때문에 주택 가격은 상승세를 이어갔다. 주택 가격 상승은 주택 매각으로 얻을 수 있는 이익이나 주택담보 대출의 범위 확대로 이어지면서 더 많은 소비를 가능하게 했다. 그리고 주택 버블은 곧 신용 버블로 발전했다. 주택 시장 활황에 신용 버블로 인한 소비 활황이 더해지면서 미국 경제는 영원히 발전할 것처럼 보였다.

그러나 경기가 좋아지면 경제가 과열되지 않도록 금리를 높이게 마련이다. 금리 상승, 특히 변동금리의 상승은 채무자에게 큰 부담이 된다. 주택 시장도 영원히 확대될 수는 없으므로 언젠가는 반드시 진정되는 시기가 온다. 그렇게 되면 저금리나 우상향 성장을 전제로 확대되어온 경제는 역효과를 낳기 시작한다.

애초에 무리해서 주택을 매입했던 사람이나 빚을 내서 과도하게 소비를 하던 사람, 과거에는 집을 살 정도의 신용이 없었던 사람들이 연체나 체납하는 경우가 늘어나면서 압류 비율이 급증했다. 그리고 전 세계에 뿌려대던 부동산 연계 금융상품의 가치에 투자자들이 차츰 의문을 품기 시작했다. 동시에 그 상품을 보유하고 있던 금융기관과 그것을 담보로 거래를 확대하던 기관투자자가 서로를 의심하기 시작하면서 금융 시스템은 붕괴 직전 상황에 몰렸다.

미국의 투자은행 단 한 곳을 구제하지 않은 것이 원인이 되어 전 세계 경제 활동이 멈춰버릴 정도로 혼란에 빠져버린 상황은 누구도 예상하지 못한 일이었다. 즉 평소 우리가 당연하게 이용하고 있는, 중앙은행을 정점으로 하는 은행 시스템은 사실 매우 위태로운 살얼음판 위에 세워져 있는 것이다.

리먼 쇼크 뒷수습은 다음 버블의 씨앗

우리가 걱정하는 부분은 바로 여기에 있다. 리먼 쇼크는 백 년에 한 번이라고 불리는 대규모 경제 위기를 불러왔고 그 뒷수습은 아직 끝나지 않은 채 지금까지도 이어지고 있다. 그런 점을 개의치 않고 모두가 지금 코앞의 상황만 보고 있는 것은 걱정스러운 부분이 아닐 수 없다.

사상누각은 한차례 무너져내렸지만, 대규모 금융 완화 덕분에 어떻게든 완전 붕괴에 이르지는 않았다. 하지만 완화에 따라 부분적으로 보수되었을 뿐 여전히 취약성을 안고 있는 금융 시스템은 또다시 이전의 잔햇더미 위에 세워졌다. 그리고 그 토대가 모래라는 점에는 변함이 없다.

지금은 코앞의 상황 즉 코로나19로 인한 영향에만 주목하고 있다. 하지만 코로나19 이전부터 연방준비제도는 세 번이나 금리를 인하했고 미국 경제는 감속 국면을 보여왔다. 일본 역시 소비세가 인상되면서 소비가 감소하고 있었다. 코로나19가 발생하기 전에 이미 그런 상태였다.

만약 코로나19가 발생하지 않았어도 금융 시장이 지금 정도의 가격을 유지할 수 있었을지와 같은 부분은 전혀 고려되지 않고 있다. 계속해서 강심제를 놓으며 '현상 유지'하고 있는 상태라는 점을 깨달아야 한다. 현재 비상 대책으로써 더욱 적극적인 금융 완화와 재정 투입을 시행하고 있다. 그야말로 초거대 버블이 만들어지고 있으며 그 안에 마그마가 계속해서 고이고 있다.

이전부터 리먼 쇼크의 뒷수습을 위해 시행된 금융 완화가 꾸준히 마그마를 만들어왔다. 그런데 코로나19로 인해 금융 완화가 확대되면서 마그마의 압력이 빠른 속도로 높아졌다. 언제 어떻게 폭발할지는 아무도 모른다.

이런 부정적 여파에 아무도 관심을 두지 않는 것이 매우 염려스럽다. 마이너스 금리, 중앙은행의 적극적인 국채 매입, 전시 수준의 재정 투입 등 비정상적인 일들이 동시에 벌어지고 있는데도 말이다.

코로나19가 부여한 면죄부, 그리고 되풀이되는 버블 붕괴와 재팽창

이에 주식 시장은 반응하고, 표면적으로는 시장이 활성화되어 경제가 잘 돌아가는 것처럼 보인다. 하지만 그 수혜는 일부 자산가나 금융관계자 등에 한정된다.

물론 연금자산 등에 플러스 효과가 있고 사회 전체에도 상승 에너지가 되는 것은 사실이지만, 연금은 기관투자자이기도 한 만큼 위탁자인 국민보다는 대리인인 금융기관이 더 큰 수익을 내는 구조다. 그런 까닭에 주주 자본주의에 따라 투자 대상을 가차 없이 잘라버리기도 한다. 국민의 장래 자산을 위한 기관임에도 불구하고 그곳에서 일하는 국민의 생활을 위협하는 역설적인 존재이기도 한 것이다.

시장은 계속해서 금융 완화 확대를 요구하고, 금융 정책이 예상한 정도에 못 미치면 여론에 부정적인 반응이 잇따르면서 중앙은행의 대응은 마치 실패한 것 같은 인상을 주게 된다. 따라서 중앙은행은 금융 완화를 멈추지 않고 확대를 거듭하고, 정치는 그것을 용인하고 오히려 뒤에서 선동하며 방관하고 있다. (그림 2-2)

이것이 버블 붕괴 이후 세계 각국에서 일어나고 있는 버블과 그 뒷수습, 그로 인해 또다시 버블이 생겨나고 있는 이유다. 리먼 쇼크 이후 더욱 걷잡을 수 없는 상태가 되었고 이미 손 쓸 수 없는 지경에 이르고 말았다.

여기서 생각해두어야 할 것이 있다. 아무리 금융 완화로 대응한다고 해도, 그리고 재정 투입으로 일시적으로나마 소비와 고용을 촉진한다고 해도 이것은 근본적인 해결이 되지 않는다. 질병의 근원을 도려내지 않으면 문제 해결을 계속해서 뒤로 미루는 꼴이 되고 만다.

미국은 추가 실업수당 지급을 중단했다. 지금은 대통령령에 따라 잠

[그림 2-2] 금융 완화가 가속하는 메커니즘

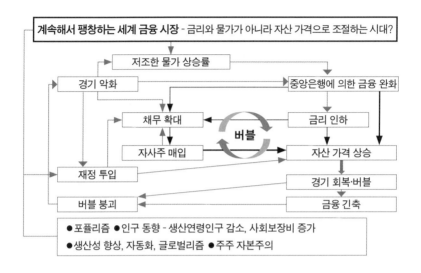

정적으로 대응하고 있으며 이전보다 금액이 줄어들었다. 지금으로서는
그에 따른 소비의 급격한 감소세는 보이지 않고 있지만, 앞날에 대한 불
안이 높아지고 있다.

2020년은 미국 대통령선거 등의 영향으로 정치적 교착상태가 이어지
면서 앞으로 나아가지 못하는 상태였다. 어찌 되었든 재정 투입은 나라
의 빚이며 언젠가는 변제해야 한다.

코로나19 상황이 개선된다고 해도 이전으로 돌아가는 데에는 시간이
걸릴 것이다. 그리고 그것을 되돌리기 위해서는 세금 인상이나 매우 강
력한 경제 성장이 있어야 하겠지만, 그 어느 쪽도 어려운 것이 명백하다.

코로나19 이전부터 경제는 전환점을 맞고 있었다

현재 문제시되는 버블 우려나 금융 정책, 재정 투입에 관한 지적 대부분은 코로나19가 전 세계에 퍼진 2020년 3월 이후에 초점이 맞춰져 있다. 하지만 애초에 그 이전부터 상황은 정상적이지 않았다.

이런 상황을 제대로 인식하지 못하는 사람이 많다. 일본을 비롯하여 유럽의 많은 국가는 마이너스 금리라는, 지금껏 인류가 경험해본 적 없는 범위의 금융 완화 정책을 펼치고 있다. 그동안 경제학에서 금리의 하한선은 제로를 전제로 생각해왔다. 물론 금리는 인간이 만들어낸 개념이므로 마이너스가 되는 것은 가능한 이야기다. 하지만 금리가 마이너스가 되면 빚을 지는 쪽이 이득이 되므로 기존의 상식이 뒤집혀버린다.

북유럽의 일부 국가가 내놓은 마이너스 금리 주택담보 대출은 돈을 빌려 쓴 사람에게 이자가 지급되었는데, 이 상식을 뒤엎는 통장을 기념으로 보관해두겠다고 말하는 사람이 나올 정도였다. 하지만 이것은 어디까지나 일부 국가의 이야기이며 대부분의 나라에서 돈을 빌리고 이자를 받는 사태까지는 이르지 않았다.

대출 자격 기준을 낮춰 어떻게든 돈이 돌도록 고안한 궁여지책이지만 경제 성장이 둔화하는 때인 만큼 대출 수요는 늘지 않고 오히려 은행의 부담만 늘어나고 있다. 애초에 경제 성장이 먼저고 금융 정책은 그다음이어야 한다.

일본은 2019년 10월 소비세 인상으로 인해 같은 해 4분기 GDP가

6.3% 감소했다. 거기에 코로나19가 덮쳤다. 미국도 2019년 7월부터 코로나19로 도시를 봉쇄하기 직전인 2020년 2월까지 세 번의 금리 인하를 단행했다. 즉 경기가 감속하고 있다는 것을 연방준비제도는 인지하고 있었다는 이야기다.

코로나19로 인해 문제를 객관적으로 파악하기 어려운 상황이지만 본래 경제 성장은 둔화하고 있었고 경기가 좋지 않은 상황이었다. 거기에 마침 코로나19 대응이라는 훌륭한 명분을 내세울 수 있게 되면서 금융과 재정 양쪽에서 어떻게든 더 떨어지지 않도록 막고 있는 상황이다.

하지만 잘 생각해보자. 전환점에 이른 상태를 유지하고 있을 뿐 문제는 아무것도 해결되지 않았다. 근본적인 문제가 해결되지 않으면 앞으로도 금융 완화와 재정 투입을 계속해야 한다. 그리고 그것은 미래에 초거대 버블의 뒷수습이라는 화근을 빚어낼 것이다.

대통령선거와 백신에 들썩이는 주식 시장

현재 주식 시장이 얼마나 취약하고 버블처럼 사상누각 상태인지를 분명하게 보여주는 사건이 최근에도 일어났다.

첫 번째는 미국 대통령선거를 둘러싼 시세 변동 예측 즉 당초 상정했던 결과와의 차이에 시장이 반응한 일이다.

2020년 미국 대통령선거는 여론조사에서 예상한 결과와는 달리 현직 대통령이었던 트럼프가 높은 지지를 받았다. 대통령선거가 본격화된 2019년에 주식 시장은 오름세였기 때문에 경제적으로 순조로운 상황에서 대부분 현직 대통령이 승리할 것이라고 예상했다.

상황이 변한 것은 코로나19 대책에 따라 비판의 목소리가 높아진 2020년 여름 이후다. 공화당 지지자가 많은 남부는 자유에 대한 의식이 강한 탓에 정부의 규제나 개입을 싫어하는 경향이 있다. 마스크 착용에 대한 효과가 과학적으로 지적되었음에도 착용하지 않을 자유를 주장하는 사람이 많았다.

여름 휴가 시즌이 시작되자 사람들은 경제 활동을 재개했다. 그동안 이동 제한으로 인해 감염 확대가 진정 국면에 접어든 상황이었기에 낙관하는 분위기가 형성된 탓이기도 했다. 이후 점차 2차 유행에 대한 경계의 목소리가 높아졌다. 그러는 가운데 백악관 고위 공직자들이 코로나19 양성 반응을 보였고, 정부 주최 이벤트를 열거나 대규모 선거 집회를 여는 등 시종일관 코로나19를 경시하는 듯한 태도를 보였다. 결국에는 트럼프 대통령 본인도 코로나19에 감염되고 말았다. 좀처럼 개선되지 않는 추가 경제 대책, 코로나19에 대한 대처, 인종차별과 빈부 격차로 분열된 가치관 등 각종 문제가 분출하면서 여론조사에서 부정적인 평가가 잇따랐다.

상황이 이렇게 되자 사람들은 민주당이 백악관은 물론 상·하원을 모두 장악하는 블루웨이브를 예상하기 시작했다. 대통령에는 바이든이 선출되고 상원도 하원도 민주당이 지지를 넓혀간다는 예상이 그즈음부터 쏟아져나왔다.

블루웨이브가 되면 지금까지와는 다른 정책이 시행된다. 경제 대책은 대담해지고 환경 등 공공 부문에 대한 대규모 투자를 추진한다. 그동안은 민주당이 승리하면 증세가 이루어지면서 주식 시장에 부정적인 영향을 미칠 것으로 여겨져 왔지만, 증세하는 이상으로 지출한다는 예측이 퍼지면서 미국 국채가 대규모로 공급되었고 그로 인해 금리가 상승하기 시작했다. 금리 인상은 그동안 주가가 상승해온 성장주(growth stock)에는 치명타가 되었다.

한편 환경문제가 대두되며 주목받기 시작한 신재생에너지 사업이나 대규모 재정 지출의 혜택을 받은 경기에 민감하게 반응하면서 코로나19 이후 힘들었던 가치주(value stock)가 순간적으로 회복했다. 선거에서 어느 쪽이 승리할지, 각 경우에 어떤 정책이 채택될지라는 점에서 성장주와 가치주의 우위가 급격하게 반전한 것이다.

대통령선거 직후 기대했던 블루웨이브가 무산되자 대통령은 바이든, 상원은 공화당, 하원은 민주당이라는 상황이 예상되었다. 민주당이 의회를 장악하지 못하면서 경제 정책이 예상대로 진행되지 못하는 상황을 우려하는 목소리가 나왔지만 최소한 공화당 시절보다 나빠지지 않을 것이라는 낙관이 뿌리 깊게 자리 잡으며 가치주를 뒷받침했다.

두 번째는 백신 개발에 대한 보도로 인해 시장이 크게 변동한 것이다.

대통령선거에서 트럼프는 좀처럼 패배 선언을 하지 않았지만 여론은 바이든이 당선될 것을 상정하고 움직이기 시작했다.

그때 나온 것이 화이자와 바이오앤테크가 공동으로 개발하던 백신에 관한 뉴스였다. 당시 백신 개발이 순조롭게 진행되고 있다는 뉴스가 전 세계에 퍼져있긴 했어도 이번처럼 많은 사람에게 접종하는 대규모 임상시험의 예방효과 유효성이, 잠정 데이터이긴 해도 무려 90% 이상이라고 밝혀진 것은 놀라운 일이었다.

이 같은 소식이 알려지면서 코로나19로 성장해온 IT 기업과 재택 관련 수요기업의 주가가 크게 하락했다. 반면 그동안 저조했던 레저, 항공 업계 관련 주가는 급등했다. 이것은 백신 개발이 진행됨에 따라 코로나19를 극복한 이후의 세계를 상정한 움직임이다. 급격하게 수요가 줄고 침체되었던 현실 세계가 회복하고, 현실 세계의 대체재로서 실적을 늘려온 IT 서비스, 엔터테인먼트의 성장이 진정된 것이다.

백신 사용 허가에 관한 전문가의 긍정적인 의견이나 공급체제에 대한 발표가 뒷받침되면서 이미 세계가 구원받은 것 같은 분위기에 휩싸였다. 하지만 화이자·바이오앤테크의 백신은 섭씨 마이너스 70도 이하로 보관해야 하는데, 그런 시설은 일반적인 병원은 물론 대형 병원에도 없는 경우가 많다. 아무리 이 백신이 유효하다고 해도 인플루엔자 백신처럼 지역 병원에서 쉽게 접종할 수 있는 것이 아니다. 따라서 백신 뉴스 하나로 코로나19의 타격을 받았던 산업에 앨로케이션(allocation, 배분)이 일어난다는 것은 그만큼 주식 시장에 떠도는 자금이 많다는 이야기다.

더욱이 열흘 후에 모더나도 백신을 발표했는데, 최종 임상 시험에서 초기 데이터로서 94.5%의 유효성을 얻었다고 밝혔다. 이 백신도 임상 시험 참가자가 3만 명이 넘었고 증상 발현 후에도 중증화에 이르지 않았다는 점에서 기대를 높였다. 게다가 모더나 백신은 섭씨 2~8도로 30일 동안 보존할 수 있다는 점에서 화이자 백신보다 취급이 편리하다. 화이자·바이오앤테크 백신과는 다르게 일반적인 백신처럼 사용할 가능성이 크다는 점도 매력적이다.

이런 소식이 알려지자 주식 시장은 다시 한번 들썩였고 지금까지 S&P500이나 나스닥에 뒤처져왔던 다우존스30 산업평균지수가 큰 폭으로 상승했다. 뉴스가 전해진 당일에만 거래 시간 중 거의 3만 달러에 오를 정도였다. 이러한 상승에는 보잉이나 허니웰, 월트 디즈니, 셰브론 같은 기업이 큰 공헌을 했다. 이 기업들은 항공기나 레저, 에너지 등 코로나19로 인해 타격을 받은 업계의 대표주자다.

백신 뉴스가 호재로 작용하여 실적 회복이 기대되고 있는 것이다. 매우 낙관하고 있다고 봐도 무방하다.

주식 시장은 좋은 쪽만 본다

여기서 생각해야 할 점이 있다. 언제 백신을 손에 넣을 수 있는가, 실제로 사람들에게 접종하기까지 어느 정도 시간이 걸리는가. 이러한 조건을 무시하고 지나치게 낙관하는 것은 매우 위험하다.

백신 뉴스는 틀림없이 인류에게 희망을 주는 소식이다. 지금까지 인류는 백신으로 많은 감염병을 극복해왔다. 누구나 잘 알고 있는 홍역이나 척추성 소아마비, 디프테리아 같은 질병은 백신이 개발되면서 극복되었다. 그동안은 백신을 개발하고 인가받기까지 최소 10년 정도의 시간이 필요했다. 그런데 이번에는 1, 2년 만에 달성했으니 가히 경이적인 속도라고 할 수 있다. 그야말로 인류의 과학적 진보가 이루어낸 위대한 공적이다. 하지만 빠르게 진행된 만큼 아직 모르는 부분이 많으므로 마냥 낙관할 수 있는 상황인지는 생각해볼 필요가 있다.

우선 염두에 두어야 할 것은 일부 백신이 인류에 투여한 적이 없는 mRNA(메신저RNA)를 사용했다는 점이다. 과거 백신 승인에 시간이 걸렸던 이유는 안전성에 주의를 기울여왔기 때문이다. 지금까지도 승인된 백신을 접종한 뒤 부작용이 나타나는 사례는 종종 있다. 게다가 항체에 대해서도 자세한 정보가 개시되지 않았다.

코로나19의 특징인 항체가 사라져버리는 점에 관해서 해명되지 않은 부분도 많다. 만약 그러하다면 백신을 투여해도 효과가 얼마나 지속될지는 알 수 없다. 항체가 사라지면 백신을 다시 접종해야 하는 데다가 그 전에 감염되어 버릴 수도 있다. 백신 접종을 한 사람이 미접종자를 감염시킬 가능성이 있는지, 면역력이 낮은 고령자 등에도 효과가 있는

지 명확하게 판명되지 않았다.

공급체제도 문제다. 지금껏 수십억 명 단위로 백신을 투여한 일은 없다. 그런 만큼 자재나 수송, 의료진과 관련한 문제가 반드시 발생한다. 가령 화이자·바이오앤테크 백신은 2회 접종이 필요한데, 보존 기간을 생각했을 때 약 3주 사이에 수억 명을 상대로 두 차례 접종하는 것이 과연 가능한 일인가와 같은 과제가 발생한다. 즉 두 회사뿐만 아니라 더 많은 기업이 백신을 만들지 않으면 경제적으로 힘이 있는 선진국만 코로나19를 극복할 수 있게 된다. 선진국 사이에서도 공급체제나 의료체제의 차이에 따라 격차가 발생할 것이다. 그렇게 되면 인구의 이동은 계속해서 제한되고 만다.

2021년 1월, 북반구는 겨울이 되었고 기온이 낮아지면서 환기가 어려워졌다. 겨울에는 기후나 기온 같은 외부환경의 영향으로 사람 사이에 거리 두기가 어려워지고 감염이 확대되기 쉽다. 이것은 봄이 오기 전 남미에서 감염이 확대되던 시기에 지적되었던 부분이다.

최근에는 에너지 절약에 관심이 높아지면서 고기밀 주택이 많이 생겼다. 그런 까닭에 실내에 바이러스가 들어오면 가정 내에서 감염될 확률이 높다. 실제로 일본 홋카이도에서 가정을 중심으로 감염이 확대되면서 이러한 우려가 현실이 되었다. 무엇보다도 백신 개발이라는 뉴스만으로 상황을 낙관해버리고 지금까지의 경계심이 해이해지는 것이 가장 큰 문제다.

시장은 이미 긍정적인 부분만 바라보고 있다. 단언컨대 이것은 매우 위험한 상태다. 백신이 시장을 낙관하게 만든 것이 전형적인 예라고 할 수 있으며, 설령 부정적인 정보라도 시장이 상승하는 재료가 되어버리는 상황이다.

대통령선거에서 민주당이 승리하면 증세를 추진할 것이라는 정보는 분명 부정적인 정보다. 하지만 그 이상으로 재정 지출을 대폭 늘릴 것이라는 이야기가 나오면서 상승하는 연료가 되었다.

그 외에도 대규모 재정 투입으로 금리가 상승하면서 지금껏 시장을 이끌어온 상승주에 찬물을 끼얹었지만, 감염이 재확산되면서 다시 강세를 보이고 있다. 분명 지금까지의 소비 행동에 변화가 생긴 것은 사실이다. 그렇다면 코로나19로 타격을 입은 산업이 다시 침체되어야 하는 게 맞지만, 현실은 그렇지가 않다.

무슨 일이 발생하면 중앙은행이 어떻게든 해결해줄 것이라는 전제가 만연해 있다. 앞으로 경기가 회복해가리라 예상되면 당연히 주가는 선행하여 상승하기 시작한다. 한편 경기가 나빠지면 금융 완화를 독촉하고 그에 따라 높아진 주가로 수혜를 누린다. 재정 투입을 한다고 해도 어차피 국채는 중앙은행이 매입해줄 테니 금리가 많이 상승하지는 않으리라고 예측한다.

무엇이든 투자자 관점에서 좋은 쪽으로만 생각한다. 그야말로 주식 투자자 존 템플턴의 격언 같은 상황에 가까워지고 있다.

"강세장은 비관 속에서 태어나 회의 속에서 자라며 낙관 속에서 성숙해 행복 속에서 죽는다."

말하자면 지금은 성숙에서 행복으로 옮겨가는 과정에 있다고 할 수 있다.

지금 우리에게 필요한 관점

코로나19 2차 유행의 영향으로 유럽과 미국에서는 외출 제한과 영업시간 단축 등을 시행했고, 또다시 경제 활동이 억제될 가능성이 커지면서 실물경제에 영향을 주기 시작했다. 일본에서도 도쿄와 홋카이도에서 경계 수준을 올렸고 장래 경기에 영향을 줄 것으로 우려되었다. 그런데도 주식 시장은 최고치를 경신했고 닛케이 평균지수가 버블 붕괴 이후 최고치를 경신했다는 뉴스가 전해졌다.

물론 주가 동향은 중요하다. 미국에서는 개인소비와 주가의 움직임에 상관성이 있다는 사실이 밝혀진 바 있다. 주가 그 자체가 소비에 영향을 준다고 할 수 있는 만큼 주가 동향은 분명 주목할 필요가 있다. 하지만 그에 못지않은 중요한 문제가 산더미 같이 쌓여 있음에도 사람들의 관심이 온통 주가와 그에 영향을 미치는 뉴스에만 집중되는 경향이 있다. 이래서는 곤란하다.

정책에 따라 어느 섹터가 유리한지, 금리는 상승하는지, 그로 인한 성장주와 가치주는 무엇인지 등의 투자 기회에만 주목하고 있지 않은가. 그것은 마치 자신의 자산만 늘면 그것으로 만족한다고 말하는 것이나 다름없다. 하지만 정말 그것으로 괜찮은가?

이럴 때일수록 정부의 방침, 정책보다는 오히려 일반 시민 의식이 중요해진다. 때로는 정부, 행정부가 내놓는 명확한 방침이나 행동경제학에서 말하는 인센티브도 중요하지만, 자조(自助)·공조(共助)야말로 앞으로의 시대에서 중요해진다.

코로나19 상황에서는 감염 확대를 막으면서 동시에 경제 활동이 멈추지 않도록 해야 한다. 그를 위해서는 감염 예방 대책에 최선을 다하는 한편 레저나 외식, 여행을 즐기면서 돈을 순환시킨다는 의식을 가지고 소비해야 한다.

이처럼 상반되는 두 가지를 높은 차원으로 융합시키는 것은 정부의 지시가 아니라 일반 시민들의 단결력이다. 그것이 가능해지면 경제 침체가 일시적 현상에 그칠 수 있다.

코로나19 극복 이후 경제 활동이 본격적으로 재개되고 돈이 순환하는 소비가 빠른 속도로 늘어나면 더 큰 경제 확대를 기대할 수 있다. 게다가 실물경제가 주가를 따라잡게 되면서 경제 구조가 건전해진다.

지금 전 세계가 주목하는 미·중 대립이나 중국의 해양진출, 이란의 핵합의 탈퇴 등 코로나19와 관계없이 세계 정치는 불안정한 상태다. 분명 경제뿐만 아니라 외교적으로도 전환점을 맞이하고 있다. 특히 미·중 대립에 관심이 집중되고 있는데, 이러한 관계성은 세계의 공급망을 생각했을 때 당연히 경제에 직결된다.

취약한 주식 시장과 불안정한 정치 속에서 커지고 있는 버블. 이제 우리는 현시점의 주식 시장이 어떻게 되어갈지보다는, 커다란 시대의 흐름에 주목해야 한다.

제 3 장

과거의 버블에서 배운다

Financial Bubble Crisis

01 · 튤립 버블

역사에서 얻는 교훈은 많다. 정치나 경제 세계에서는 그야말로 역사가 반복된다.

버블의 역사에도 3대 버블이라는 것이 있다. 튤립 버블, 미시시피 버블, 남해 버블이 그것이다.

튤립 버블은 1630년대 네덜란드에서 일어났다. 정확한 데이터가 남아 있지 않은 탓에 여러 가지 설이 있지만, 경제 역사상 최초의 버블이라고 알려져 있다. 튤립의 알뿌리 가격이 절정에 달한 1637년, 알뿌리 하나에 밀 160부셀(1부셀=28kg), 호밀 320부셀, 황소 4마리, 돼지 8마리, 양 12마리 외에도 와인, 맥주, 버터, 치즈는 톤 단위로 거래되었다. 심지어 침대 같은 가구를 제시해도 웃돈을 얹어줘야 할 정도였다고 한다.

어째서 튤립 가격이 그렇게까지 높아진 걸까?

[그림 3-1] 버블의 탄생과 붕괴

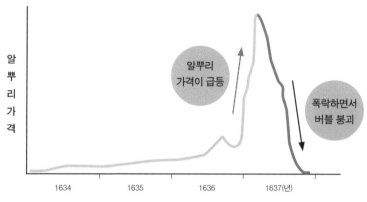

출처: 〈니혼게이자이신문 사이언스〉, 2020년 11월 1일

[그림 3-2] 튤립 버블을 풍자한 그림

얀 브뤼헐(Jan Bruegel)이 1640년에 그린 튤립 버블 풍자화

네덜란드의 발흥

여기에는 '네덜란드 황금시대' 즉 당시 네덜란드 연방공화국의 번영이 얽혀있다.

그 당시 네덜란드를 지배하고 있던 스페인 제국은 무적함대를 거느리고 태양이 지지 않는 제국이라고 불리며 영화를 누리고 있었다. 그런데 16세기 중반 지금의 네덜란드를 중심으로 한 지역이 스페인 제국에 반란을 일으켰다. 이후 네덜란드는 스페인으로부터 독립하기 위한 80년 전쟁을 치르는 과정에서 무역, 과학, 군사, 예술을 번영시켰다.

신성 로마 황제이기도 했던 카를 5세는 펠리페 2세에게 왕위를 물려주었고, 로마 가톨릭 맹주라고 불릴 정도로 독실한 가톨릭 교주였던 펠리페 2세는 경제적 압박과 종파 대립이 발단이 되어 탄압정치를 단행했다. 펠리페 2세의 박해를 받은 것은 프로테스탄트 교주만이 아니었다. 네덜란드를 중심으로 주변 지역에 사는 가톨릭 교주와도 대립했다.

전쟁이 지속됨에 따라 스페인 제국의 숙련공과 부자들이 네덜란드로 이주했다. 이때가 암스테르담이 세계무역항으로 발전하는 초석이 된 시기이기도 하다. 자본과 기술을 손에 넣은 네덜란드에서는 해외 무역은 물론 목재 제재, 조선, 양조, 직물, 유리, 인쇄 등의 산업이 발달했다.

네덜란드는 13세기 이후 간척으로 국토를 넓혀왔다. 풍차는 곡식을 빻는 기존의 용도뿐만 아니라 간척지 배수나 수위 관리에 이용되었고, 양모 압축이나 밧줄 제조에도 쓰였다. 풍차에 이용된 돛천, 도르래, 톱

니바퀴 같은 기술은 범선에 그대로 활용되어 네덜란드 조선 기술을 크게 발전시켰다. 당시 네덜란드 조선소는 유럽에서 가장 규모가 컸고 생산성도 높았다. 프랑스나 이탈리아 조선에 비해 비용이 약 절반가량 저렴했고 작업 기간도 짧았다.

이것은 군사력과 수송능력에 직결되었다. 네덜란드는 스페인과의 전쟁에서 승리하고 향신료 무역과 설탕 등의 삼각 무역으로 남미와 아시아에 항로를 개척했다. 당시 쇄국 정치를 펼치던 일본과의 독점무역권도 획득했다.

간척과 동시에 운하를 건설했고 농업기반이 정비되었으며, 이를 바탕으로 도시 원예 농업이 번성했다.

튤립의 등장

튤립은 오스만 튀르크에서 전해졌는데, 당시 유럽에서는 보기 힘든 색채와 큰 꽃망울을 지니고 있어 부유층에게 신분의 상징이 되었다.

튤립이 비싸게 팔리자 재배자들은 튤립 재배에 주력했다. 특히 바이러스에 감염되어 꽃잎에 무늬가 생긴 튤립은 신품종으로서 인기가 높았다. 재배자들은 이런 꽃들이 높은 평가를 받도록 고귀한 이름을 붙였다. 지금으로 말하자면 브랜드화를 꾀한 것이다. 사실 이 꽃들은 바이러스에 감염되었을 뿐이지 신품종은 아니다.

그때는 바이러스라는 개념조차 없던 시대였다. 일반적인 알뿌리가 돌연변이로 보석이 될 수 있다는 도박성이 일반인에게도 침투되면서 일확천금을 노린 사람들이 일제히 알뿌리 거래에 뛰어들었다. 그것이 광풍의 발단이 되었다.

또다른 관점에서 버블에 돌입하게 된 배경에는 금융의 발달이 있었다.

1602년 세계 최초의 주식회사인 네덜란드 동인도회사가 설립되었다. 그에 따라 유가증권을 매매하기 위한 암스테르담 증권거래소가 생겨났고, 무역에 필요한 융자를 해주는 암스테르담 은행도 설립되었다. 상업이 성행한 지역인 만큼 금융도 점차 발달했다.

당시 네덜란드에는 종교전쟁과 이단 교주에 대한 박해가 행해지던 유럽에서 유대인을 시작으로 부유하고 지식 있는 훌륭한 상인들이 하나둘 모여들기 시작했다. 향신료나 설탕, 직물과 함께 다이아몬드 등 각종 물건이 거래되는 대규모 상업지가 되어갔다. 다양한 물건이 거래되었고 그 가운데 하나가 튤립의 알뿌리였다.

금융의 발달과 튤립 투기

튤립 거래는 현물은 물론 수확을 전제로 한 선물 거래도 활발했다. 튤립은 꽃으로서 인기가 있었을 뿐만 아니라 투기 대상으로서도 인기를 끌었으며 재배를 하지 않는 일반인까지도 선물 거래로 권리를 매매했다.

알뿌리 가격이 상승하고 있다는 소식은 주변국으로 퍼져나갔고 사람들은 열광했다. 튤립 거래로 일하지 않고도 거액을 손에 쥐는 사람이 중산층에 나타나기 시작했고 더 넓은 사회층에까지 침투해갔다.

이것이 빠른 속도로 퍼지면서 매수하려는 사람이 엄청나게 늘어났다. 그 결과 수요와 공급을 무시한 채 가격이 급등했고 어느 날 갑자기 가격이 폭락하면서 현실은 악몽이 되고 말았다. 알뿌리 가격이 주택 가격이나 연간 소득을 넘어서는 상황이 결코 오래 지속될 리 없었지만, 욕망에 사로잡힌 사람들이 한꺼번에 몰려들면서 버블이 발생하고 만 것이다.

다행히 튤립 버블은 국지적 현상으로 끝났고 네덜란드 전역에 영향을 주지는 않았다. 많은 사람이 냉정하게 상황을 지켜보고 있었을지도 모른다. 하지만 일부 시민은 커다란 경제적 손해를 입었다. 부동산과 살림살이를 담보로 튤립을 거래하던 사람들은 모든 재산을 잃기도 했다. 당시 풍경 화가로 유명했던 얀 반 호이엔(Jan van Goyen)도 그런 피해자 가운데 한 명이었다.

02 · 미시시피 버블

다음은 미시시피 버블(미시시피 계획)이다. 이 버블은 18세기 초에 시작되었다.

여기에도 네덜란드 튤립 버블에 등장했던 전쟁이 관련한다. 네덜란드 지역이 스페인 제국으로부터 독립을 쟁취한 80년 전쟁 외에도 종파 대립으로 인한 전쟁이 빈발하는 등 당시 유럽은 혼돈의 시기였다.

오랜 기간 이어진 전쟁과 혼란 탓에 국가 재정은 어려워졌고, 금속화폐의 귀금속 함량을 줄여 재주조하는 일이 빈번하게 이루어졌다. 그 영향으로 통화로써 사용하던 금화와 은화의 가격은 불안정했다. 특히 프랑스 정부는 막대한 채무로 인해 재정이 파탄으로 치달았고 결국 프랑스 혁명이 발발했다. 전쟁으로 영토를 확장하고 베르사유 궁전을 세우고 태양왕이라고 불리며 마음껏 영화를 누리던 루이 15세는 결과적으로 재정을 핍박시킨 장본인으로 꼽힌다.

당시 누적 채무는 국가 예산의 17배를 넘어서는 엄청난 액수였다. 현재 일본의 국가 부채보다 열 배 이상 많은 금액인 만큼 그 규모가 얼마나 컸는지 짐작할 수 있다.

존 로의 재정 재건안

궁핍한 재정 상태가 지속되는 가운데 루이 15세가 왕위에 올랐다. 이때 그의 조부인 오를레앙 공 필립 2세가 재정의 재정비를 위해 채용한 것이 미시시피 계획이며 여기에는 존 로의 시스템이 적용되었다.

존 로는 프랑스인이 아니라 스코틀랜드인이었다. 은행업을 하다가 런던에서 투옥되었지만, 탈출하여 유럽을 떠돌았다. 도망친 후에도 은행가로서 일했고 암스테르담, 파리, 제노바, 베네치아 등지를 돌며 당시 지역별로 제각각이었던 경제 시스템을 연구한 뒤 새로운 시스템을 고안하여 각지의 유력자에게 제안했다. 그러다가 필립 2세에게 발탁되었다.

존 로는 그때까지 유럽에서 왕도라고 여겨지던 중상주의를 비판하고 새로운 화폐 이론을 제창했다. 중상주의에서는 무역을 통해 귀금속이나 금속화폐를 축적하는 것이 국부를 늘리는 이상적인 방법으로 여겨졌다.

중세 유럽에는 금속화폐가 존재했지만, 소재가 되는 금과 은이 항상 부족했기 때문에 유통은 성행하지 않았다. 그러다가 12세기부터 13세기에 걸쳐 농업이 발전하면서 농촌경제가 번성했다. 뒤이어 도시가 형성되고 상업활동이 활발해지면서 그와 동시에 화폐를 사용한 거래나 납세 등이 이루어지기 시작했다.

이후 각국에서 무역이 성행했다. 몽골 제국이 쇠퇴하면서 오스만 튀르크의 세력은 확대되었고 그렇게 대항해시대로 접어들었다. 스페인과 포르투갈은 아프리카와 아메리카 등지에서 약탈을 일삼았다. 16세기 이후 본격적으로 광산이 개발되기 시작했고 아프리카, 중남미에서 대량으로 금과 은이 유입되었다. 그에 따라 소재 부족 현상이 해소되면서 금속화폐에 의한 경제가 확대되었다.

하지만 금속화폐는 일부 부유층에게 집중되어 있었다. 왕실은 전쟁자금을 조달하기 위해 징세권을 팔거나 영토를 저당 잡히기도 했기 때문에 서민에게 거두어들인 세금은 부유한 사람들을 더욱 부유하게 만들었다. 한편 왕국 자체 재정은 궁핍했고 서민은 어쩔 수 없이 빈곤한 생활을 이어갔다.

[그림 3-3] 미시시피 버블을 풍자한 그림

18세기 초에 그려진 미시시피 버블 풍자화

[그림 3-4] 존 로

스코틀랜드 출신인 존 로는 한 때 프랑스에서 절대적인 권력을 쥐고 있었다.

금속화폐에서 태환지폐로

돈이 돌지 않는 한 경제 활동은 살아나지 않는다. 그렇게 프랑스는 심각한 디플레이션 상태에 빠졌다. 그때 존 로는 금속화폐에서 태환지폐(소유자의 요구에 따라 언제든 금화 등 실물화폐로 교환할 수 있는 종이돈을 말한다.-감수자)로 전환할 것을 주장했다. 금속의 양에 구애되는 화폐 통화량을 극적으로 증가시켜 경제를 재정비하고자 한 것이다. 지금으로 말하면 금융완화이자 통화를 찍어내서 경기를 재부양시키는 리플레이션 정책이다.

존 로는 1716년에 왕실로부터 지폐로 된 은행권을 발행할 수 있는 유일한 은행 '뱅크제너럴'의 설립을 승인받았다. 태환지폐였던 은행권은 언제든지 금속화폐로 교환할 수 있었기 때문에 높은 신용도를 자랑했다.

그 외에도 필립 2세를 설득하여 납세를 은행권으로 내도록 제도를 변경하고, 무역 결제에도 사용될 수 있도록 환전업자를 압박하여 지폐 사용의 확산을 노렸다. 곧 지폐는 널리 통용됐고 지폐 유통량도 큰 폭으로 증가하면서 디플레이션이 해소되었으며 경기는 경이적인 속도로 회복되었다. 그에 따라 뱅크제너럴은 2년 후에 국유화되어 왕립은행이 되었다.

여기서 문제가 발생한다. 태환지폐는 언젠가 금속화폐로 교환되어야 하므로 금속화폐의 양을 넘어서는 지폐를 발행해서는 안 된다. 하지만 왕실은 종이 하나로 궁핍하기 짝이 없던 재정 문제를 해결할 수 있을 것이라 믿었기 때문에 더 많은 지폐 발행을 촉구했다. 원칙대로라면 은행은 발행한 지폐에 상응하는 금속화폐를 소유하고 있어야 했지만, 그것을 뛰어넘는 양의 지폐를 발행하게 되면서 결국 불환지폐로 변경하기에 이르렀다. 왕립은행이었던 만큼 사람들은 은행을 믿었고 지폐의 신용은 지켜졌다. 그렇게 지폐가 증쇄되면서 호경기가 시작되었다.

호경기였지만 여전히 공적채무 즉 국가의 빚은 막대한 상태였다. 당시 프랑스 국채는 신용이 없었고 액면가보다 낮게 거래되었다. 게다가 시중에는 보증도 안 되는 불환지폐가 나돌고 있었다.

국채를 미시시피 회사 주식으로

존 로는 다음의 한 수에 나섰다. 서방 회사를 설립하고 정부 힘을 빌려 프랑스의 해외 무역에 대한 독점권을 확보한 뒤 '미시시피 회사'라고 이름 붙였다. 이름에서 알 수 있듯 미시시피 회사는 당시 프랑스 식민지였던 북미대륙의 미시시피강, 루이지애나 주변 개발을 계획하고 있었다.

루이지애나에는 금광이 있고 개발이 순조롭게 진행되고 있으므로 곧 프랑스는 막대한 부를 손에 넣을 것이라고 선전했다. 그러면서 미시시피 회사의 주식을 국채의 액면가로 교환할 수 있게 했다. 지금으로 말하면 채무를 주식으로 전환하는 이른바 출자 전환(debt equity swap)이다. 이에 따라 사람들은 앞다퉈 국채를 주식으로 바꿨고 국가채무는 점차 해소되었다. 하지만 이것으로 모든 문제가 해결될 리는 없다. 그동안 변제받지 못할 것으로 여겨졌던 국채가 좋은 조건에 주식으로 교환되었을

뿐만 아니라 주가는 나날이 상승했고, 반년 사이에 주가는 무려 20배가 되었다. 별 볼 일 없던 국채가 가파르게 상승하는 주식으로 변했으며, 그 덕에 갑자기 부자가 생겨났다. 그들은 손에 넣은 돈으로 부동산과 귀금속을 샀고 그 가격은 상승했다. 부자가 되고 싶은 사람은 미시시피 회사의 주식을 매매하는 장소로 모여들었고 그 지역 집세가 급등했다. 그밖에도 다양한 비즈니스가 생겨났고 공전의 호경기가 찾아왔다. 그야말로 버블이다.

그런데 미시시피 회사의 개발 자체는 순탄치 않았다. 새로운 귀금속이 들어오기는커녕 보증 없는 종잇조각만 대량으로 뿌려졌을 뿐이었다. 이때 일부 사람들이 미시시피 회사의 개발에 의문을 품었고 지폐의 가치를 의심하기 시작했다. 불환지폐였기 때문에 교환할 의무는 없었지만, 불안함을 느낀 사람들이 지폐를 금속화폐로 바꾸기 위해 몰려들면서 대소동이 일어났다. 이를 계기로 미시시피 회사의 주가는 폭락했고, 금속화폐로 교환이 어려워진 지폐는 가치가 추락했다. 액면가의 몇 %만 그 가치로 인정되면서 인플레이션이 발생했고 많은 국민을 곤궁에 몰아넣었다.

그 결과 튤립 버블과는 달리 경제와 금융 시스템이 완전히 무너졌다. 미시시피 버블은 프랑스 전역을 경제적 혼란에 빠트렸고 빈부 격차를 더욱 심화시키면서 프랑스 혁명을 일으키는 계기가 되었다. 경제 실책이 국가를 전복시킨 하나의 사례라고 할 수 있다.

03 · 남해 버블부터 파우스트까지

존 로가 프랑스를 들끓게 만들고 결국 파멸에 이르게 한 그 시기에, 당시 그레이트 브리튼 연합왕국이었던 영국에서도 비슷한 투기 버블이 발생하면서 국가 경제가 대혼란에 빠졌다. 1711년에 설립된 남해회사가 바로 그 무대다. 국가 재정이 위기를 맞으면서 그것을 해결할 목적으로 설립한 회사가 원인이 되어 버블이 생겨났다는 점은 시사하는 바가 크다.

정치가가 실책을 단기적으로 타개하기 위해 궁여지책으로 일반시민을 끌어들여 일시적인 도취에 빠질 수는 있다. 하지만 그것은 사상누각의 상태일 뿐 발밑부터 무너져내린다. 결국에는 약자가 가장 큰 피해자가 되어버리는 구조다.

뉴턴도 농락당한 버블

남해회사는 영국 재정의 재정비를 목적으로 설립되었다. 당시 영국은 세출 대부분이 전쟁 자금과 국채 변제, 이자 지급에 쓰이고 있었다.

부실 상태에 있던 국채 등의 채권을 강제로 남해회사 주식으로 전환시키고 남해회사의 이익으로 이자를 대신 지급하여 국고를 확보했다. 남해회사의 주요 사업은 무역이었으며 악명 높은 노예무역을 독점하여 이윤을 창출할 셈이었다. 하지만 노예무역은 생각대로 잘 풀리지 않았다.

그때 시험 삼아 판매한 복권이 예상외로 큰 성공을 거두면서 남해회사는 금융회사로 변화해갔다. 자사의 주가를 끌어올리기 위해 주식 담보 대출, 배당률 인상을 시행하여 주식 시장의 기대감을 증폭시켰다.

무역 사업은 순탄치 않았고 주식과 국채의 교환 비율도 남해회사에 유리한 조건이었기 때문에 몇몇 의원들은 위험성을 인지하고 있었다. 하지만 왕이나 정부·의회 주요 인사들에게 남해회사의 주가가 올라가면 돈을 벌 수 있도록 뇌물을 주고 있었기 때문에 비난받는 일은 없었다.

이 사건은 남해회사만의 문제에 그치지 않았다. 남해회사의 주가가 반년 만에 열 배가 될 정도로 급등하면서 많은 사람이 열광했다. 열광했기 때문에 오히려 비정상적으로 급등했다고도 할 수 있다. 그렇게 되자 사람들은 제2, 제3의 남해회사를 찾아 나섰고, 결국 실체도 없이 주식을 모집하는 일이 일어났다. 1720년 한 해 동안 설립되어 주식을 모집한 회사는 190여 곳이었는데, 살아남은 회사는 네 곳에 불과했다. 대부분 실체가 없는 회사였다. 그들은 마치 거품처럼 사라진다고 하여 거품 회사라고 불렀다. 거품 회사가 난립하고 그런 회사에 사람들이 열광했다는 점에서 프랑스와는 다르다.

열광한 사람 가운데는 만유인력을 발견한 아이작 뉴턴도 있었다. 그는 당시 조폐국에서 근무하며 높은 급여를 받고 있었지만 남해 버블 사건으로 거액의 손실을 보았다. 손실액이 연간 수입의 40배에 달한다고 알려질 만큼 상당한 액수였다고 한다. "천체의 움직임은 계산할 수 있지만, 인간의 광기는 계산할 수 없다"라는 그의 명언은 현대 사회에도 시사하는 바가 크다.

버블 붕괴는 사회를 파괴하고 문화에도 영향을 미친다

이윽고 파산하거나 자살하는 사람이 늘어났고 사회는 혼란에 빠졌다. 왕족과 정치가에게 분노의 화살이 향했고 책임을 추궁했지만 결국 사건은 흐지부지 종식되었다.

정부와 왕실 주요 인사들이 관여되었다는 결정적 증거 '녹색 장부'와 함께 중요한 증인은 모두 외국으로 도망쳤다. 해외에서 체포되었지만 외교압력에 의해 송환되지는 않았다. 그리고 이 사건을 조사하는 과정에서 회계감사 제도가 도입되었다.

이 같은 경제적 대사건이 일어나면 동시대 문화에도 많은 영향을 미치기 마련이다. 그 상징적인 작품이 바로 독일의 문호 요한 볼프강 폰 괴테가 쓴 《파우스트》이다. 이 작품을 여기에서 언급하는 이유는 단지 지금까지 소개해온 버블을 훌륭하게 접목한 작품이기 때문만은 아니다. 더 큰 이유는 괴테 자신이 바이마르 공국(현재의 독일 튀링겐주)에서 재상으로 재직해 있었다는 점이다.

1775년 무렵부터 십여 년 동안 공무 집행을 하면서 과거의 실패한 정책을 연구한 것이 아닐까 추측된다. 실제로 인구가 6000명 정도에 주요 산업이 농업이었던 작은 나라 바이마르 공국에서는 세출 삭감을 위해 군사비, 경제지원 중단 등을 통해 재정을 바로잡았다. 확실히 작품에 나오는 내용과는 거리가 멀다.

《파우스트》라는 작품은 유혹의 악마인 메피스토펠레스가 인간을 이용하여 신과 내기를 하는 이야기다. 메피스토펠레스는 신에게 인간이 어리석기 때문에 신이 준 이성을 올바르게 사용하지 못해서 결국 세계가 혼돈에 빠졌다며 조소한다. 하지만 신은 항상 노력하는 자로서 파우스트를 꼽고, 그를 언젠가 올바른 길로 인도하겠노라고 말한다. 그때 메피스토펠레스는 자신이 파우스트를 악의 길로 유혹할 수 있다며 만약 성공하면 그의 영혼을 갖겠다는 내기를 건다.

이 희극에서 재미있는 점은 악마인 메피스토펠레스가 자신은 그리스도교의 악마이며 그리스 신화에 나오는 신과는 관할이 다르다고 이야기하는 점이다. 신도 악마도 관료적이며 속세에 물들어 있다. 그들의 세계도 종적인 관계라는 점이 흥미롭다.

그리고 무엇보다 이 부분이 재미있다. 파우스트와 메피스토펠레스는 신성 로마 제국을 섬기며 국가 재정의 파산을 마법처럼 해결해내는데, 그들은 신성 로마 제국의 지하에 막대한 재물이 잠들어 있다면서 그것과 교환할 수 있는 태환지폐를 발행한다. 물론 그런 재물이 실제로 존재할 리 없다. 하지만 사람들은 그 지폐를 정말 가치가 있는 것이라 믿었고 지폐가 유통되면서 경기가 극적으로 회복되었다는 이야기다.

이 이야기의 결말은 결국 재정은 파탄 나고 각지에서 반란이 일어난다는 것이지만, 그야말로 앞서 말한 버블을 참고로 썼다는 것을 알 수 있다.

이 소설 속에서 파우스트와 메피스토펠레스의 이야기를 유일하게 꿰뚫어 본 인물이 있다. 바로 궁정 안의 광대다. 그는 "종잇조각이 마법처럼 가치를 갖는다면, 마법처럼 언제 사라져도 이상하지 않다. 꿈은 꿈일 뿐이다"라고 말한다.

독일은 긴축재정으로 유명하며 네덜란드 역시 재정규율이 엄격한 편이다. 그런 탓에 최근 EU 안에서 경제 회복 기금 마련을 둘러싸고 남유럽과 북유럽이 대립하고 있다.

이들 나라가 이처럼 재정에 엄격한 것은, 어디까지나 추측에 지나지 않지만 지금까지 이야기한 것처럼 버블로 커다란 실패를 한 과거가 있는 만큼 두 나라 모두 본질적인 가치를 판별하고 그 정책이 속임수인지 아닌지 감시를 게을리하지 않고 있기 때문이 아닐까?

04 · 일본 버블과 IT 버블

일본은 1980년대 후반에 토지와 주식 투기로 버블이 발생했다.

일본 버블의 붕괴는 장기불황과 함께 일본 경제가 변화하는 중요한 계기가 되었다. 당시 뉴스에서는 앞서 언급했던 바와 같이 야마노테선으로 둘러싸인 도쿄 중심부의 토지 평가 총액이 미국 전체 토지가와 비슷하다던가, 일본인 경영자 특히 부동산을 많이 보유하고 있는 자산가가 대부호로서 미국 잡지에 실렸다는 등의 이야기가 종종 흘러나왔다.

1989년 말 닛케이 평균지수는 정점을 맞이했다. 그 후에 '잃어버린 10년, 20년, 30년'이라고 불리는 장기불황이 이어졌고 주가는 한없이 하락했다.

일본 버블의 정체는 무엇이었나

어째서 버블이 발생했을까? 대부분 부동산 가격의 급등으로 버블이 만들어졌고 붕괴 후에는 부실채권 문제, 금융 시스템 타격이라는 관점에서 버블을 설명하는 경우가 많다. 하지만 더욱 근본적인 원인에서 접근할 필요가 있다.

1985년부터 1989년 사이에 닛케이 평균지수가 3.3배 상승했는데, 1985년이 역사적으로 큰 전환점이 되었다는 점을 잊어서는 안 된다.

1985년 9월 미국, 프랑스, 독일, 일본, 영국으로 구성된 G5의 재무장관·중앙은행 총재들이 모여 달러화 약세, 엔화 강세를 유도하는 플라자 합의를 체결했다. 1980년대 초 미국은 무역적자와 재정적자라는 이중고를 겪고 있었다. 그런 미국이 대일 무역적자 확대를 저지하기 위해 엔화의 평가절상을 유도함으로써 달러화의 안정을 꾀한 것이다(지금도 일본이 왜 엔화 강세를 인정하는 플라자 합의를 받아들였는지는 미스터리로 남아있다. 일각에선 당시 일본의 자신감이 워낙 강해 엔화 강세에도 긍정적인 수출을 이어갈 수 있다고 스스로 믿었기 때문이라고 분석한다. - 감수자).

미국은 1970년대에 인플레이션으로 힘든 상황에 놓이자 그에 대처하기 위해 고금리와 달러 강세 정책을 밀어붙였다. 그로 인해 미국의 금리는 급등했고 전 세계 자금이 미국으로 모이면서 달러화는 강세로 전환했다. 고금리 정책 덕분에 인플레이션은 진정되었지만 미국 내에서 투자가 억제되었고 기업들은 해외 진출에 나섰다. 결과적으로 수입이 증가하면서 무역적자가 악화되었다.

1980년대에 들어서는 금융 완화 정책으로 경기가 상승했고 그에 따라 일본으로부터의 수입이 늘어나면서 미국의 무역적자는 더욱 증대되었다. 일본 기업은 호실적을 기록했고 자동차에 이어 반도체 시장도 석권했다. 일본뿐만 아니라 유럽 각국도 무역흑자를 기록했다. 이에 위기를 느낀 미국은 세계 경제의 불균형을 시정하고자 플라자 합의를 요청한 것이다.

중요한 전환점이 된 플라자 합의

엔화 강세는 일본 수출산업에 큰 타격을 주었다. 그 대응책으로 일본은 3조 엔의 공공사업 등 재정 정책과 금융 완화 정책을 꺼내 들었다.

당시 일본은행은 1986년 1월부터 5%였던 공정 이율을 거듭 인하했고 4월에는 3.5%로 내렸다. 11월부터는 금리를 더욱 낮춰 다음 해 2월에는 2.5%까지 내려갔다. 일본은행 내에서는 '이미 달러 약세 유도에 따른 엔화 강세 불황에서 회복하기 시작한 데다가 시중 자금 흐름도 증가 추세에 있으므로 금리의 추가 인하가 필요하지 않다'라는 의견도 있었다. 그런데도 공정 이율을 계속해서 인하한 것은 미국의 압력이 있었기 때문이라고 여겨진다. 내수 확대를 통해 어떻게든 무역 불균형을 해결해 보려는 심산이다.

이것이 1980년대 후반 버블로 이어졌다. 물가상승률이 저하되고 공정 이율 인하의 장기화가 예상되면서 명목금리도 저하되었다. 이는 부동산과 주식 투기를 불러일으키는 토대가 되었다.

물론 일본 국내 은행이 부동산 투자를 위한 융자를 적극적으로 장려한 탓에 부실채권 문제를 초래한 것도 사실이다. 더욱이 민간기업이 재테크라는 명목 아래 버블 형성에 가세했다. 자연스럽게 개인투자자까지 이에 편승하면서 나라 전체가 들썩였다.

일본 국민이 버블에 가세한 하나의 사례로서 정부가 보유하던 NTT 주식을 개인투자자에게 매도한 것을 꼽을 수 있다. 119만 7000엔이었던 매도가격이 두 달 만에 두 배 이상 폭등하면서 318만 엔으로 정점을 맞았다. 그 이후 주가를 보면 명백한데, 앞서 언급한 버블에서도 그랬듯 결과적으로 국가만 돈을 벌었을 뿐이다. 그렇다고 하더라도 사건의 발단은 미국의 무역 불균형에 따른 외환시장 개입 요청이었으며, 플라자 합의 전후에 이루어진 금리의 자유화, 자본시장의 자유화 등이 결국 일본 금융 정책과 은행 환경을 변화시켰다는 사실을 잊어서는 안 된다.

현재 미국이 주도하는 근린 궁핍화 정책, 자국을 우선하는 보호무역주의, 금융 시장의 자유화 압력, 첨단기술기업에 대한 억압 등 중국은 물론 전 세계를 대상으로 시행하고 있는 것들은 과거에도 똑같이 시행되어왔던 것들임을 알 수 있다.

Q비율의 등장

여기에서 기억해야 할 것이 있다. 그것은 새로운 지표, 개념의 등장이다. 버블 경제가 한창일 때는 주가나 부동산 등의 자산 가격이 비정상적으로 상승한다. 기존의 지표로는 설명할 수 없을 정도로 급등하는데 이때 등장한 것이 버블 즉 주가 상승을 설명하기 위한 새로운 지표다. 일본 버블 때 Q비율이라는 지표가 등장했는데, 일본 증권경제연구소가 작성한 보고서에 쓰이면서 널리 알려졌다.

Q비율은 미국의 경제학자 제임스 토빈이 창안했으며 '토빈의 Q이론'이라고 불린다.

기업가치는 주식시가총액과 채무의 총계다. 만약 현시점에서 기업이 해산하여 현금화할 경우 주주와 채권자에게 그들의 몫이 돌아가야 하는데, 실제 자본 가치와 주식 시장의 평가액을 비교하여 나타낸 것이 Q비율이다.

이것이 버블일 때는 기업의 시장가치가 과대평가된다. 토지 가격을 포함하여 일본 기업의 자산가치를 생각하면 아직 주가 상승의 여지가 있다고 판단하므로 현시점의 주가가 그다지 높지 않다는 인상을 주게된다. 이미 PER이 60배 이상에 달해있기 때문에, 그저 설명을 위한 지표가 되고 만 것이다.

마찬가지로 1990년대 말 IT 버블 역시 PEG(Price Earnings to Growth ratio, 주가이익증가비율, PER을 EPS 성장률로 나눈 값)나 PSR(Price Sales Ration,

주가매출비율) 같은 것으로 설명하려고 했다.

덧붙여 잊어서는 안 될 것이 있다. 1990년대 후반에 일어난 IT 버블은 1995년 즈음부터 시작되었지만, 그 또한 미국의 금융 완화에서 시작되었다는 점이다.

발단은 1997년 아시아 통화위기, 1998년 LTCM의 파산이며 그에 따른 여파를 완화하기 위해 금리를 낮췄다. 하지만 당시 연방준비제도 의장이었던 앨런 그린스펀은 결과적으로 근거 없는 열광이었다고 이야기한다.

현대에도 기축통화국인 미국의 금융 정책, 외교 정책에 따라 세계 경제가 크게 들썩인다. 지금은 리먼 쇼크 이후의 금융 완화가 계속해서 이어지고 있는 비정상적인 상황인데, 본래 어딘가에서 조정되었어야 했다.

전 세계가 공통의 난제인 신종 코로나 바이러스를 내세워 마구잡이식 금융 완화와 재정 지출을 시행하고 있다. 지금껏 모두가 경험한 적 없는 상황이다. 그런 만큼 앞으로 일어나는 일들은 지금까지의 상식으로 접근해서는 결코 해결되지 않는다.

제 4 장

경시되는
시장 기능

Financial Bubble Crisis

인간이 생활하는 데 필수 불가결한 시장

인류가 집을 짓고 살았던 태곳적부터 시장은 존재했다. 그리고 지금에 이르기까지 시장은 줄곧 사람들 생활의 기반이 되어왔다.

처음에는 물물교환을 위한 장소로 자연스럽게 발생한 아주 단순한 형태였다. 단순하긴 했지만 교역을 위해 사람들이 모여들었고 물건뿐만 아니라 정보 교환의 장소로써 중요한 역할을 해왔다.

사람들의 생활을 뒷받침하는 경제 활동이 발전해감에 따라 시장은 더욱 다양한 물건을 취급하고 더욱 넓은 지역을 커버하게 되었다. 그렇게 시장의 기능도 점점 확장되었다. 거기에 화폐경제가 더해지면서 시장의 기능과 편리성은 더욱 확대되었다. 시장에서 발신하는 거래 상황이나 가격 등의 정보를 바탕으로 경제 활동 규모와 속도는 발전을 거듭했다.

18세기 일본 에도시대에 오사카 근교 도지마 지역에서 쌀의 선물 거래가 성행했다. 세계에서 처음으로 개발된 선물 거래는 놀라울 정도로 널리 보급되었다. 선물 거래가 도입됨에 따라 시간 위험의 분산을 중심으로 각종 분산 기능이 시장에 추가되었다. 위험 분산 기능이 더해지면서 시장의 편리성과 시장 기능의 활용 가능성은 급격히 확장되었다.

이후 통신수단 발달과 컴퓨터의 보급으로 금융 선물 거래는 점점 고도화되고 다양화되었다. 옵션 거래나 금융 파생상품 등도 시장 활성화에 중요한 역할을 했고, 그에 따라 금액적으로도 금융 거래가 물자 거래를 크게 상회하기에 이르렀다. 이것을 두고 금융 시대의 도래라고 일컫는다.

이처럼 시장은 오래전부터 존재했고 점점 발전해왔다. 그만큼 사람들의 일상에 없어서는 안 될 존재임이 분명하다.

그렇다면 시장은 경제 활동 전반 즉 인간의 생활에서 어느 정도로 중요한 역할을 하고 있을까? 가장 중요한 역할은 그때그때의 경제 활동에 있어서 합리적이고 안정적인 지점을 알려주는 기능이다. 시장은 누구에게나 열려 있는 장소인 만큼 경제 활동의 공정한 심판 역할을 하는 것이다.

시장은 모두에게 열려 있는
투명하고 공정한 장소여야 한다

우선 그동안 시장이 해온 몇 가지 기능을 살펴보자. 하나같이 중요한 기능들이다.

수요와 공급을 조절하는 기능, 적절한 가격 발견과 시장 참가자의 탈락·도태를 촉구하는 기능, 그리고 경제적 합리성을 근거로 한 경고 기능이 있다. 각각의 기능을 자세히 살펴보도록 하자.

시장의 첫 번째 중요한 기능은 가격 변동을 통해 자연스럽게 수요와 공급을 조절하는 역할이다. 애초에 시장은 이 기능에서 시작되었다.

수요 즉 매수 에너지가 크면 가격은 점점 높아진다. 가격이 상승세를 보이면 '이 정도 가격이라면 팔아도 괜찮겠다'라는 매도 의향이 동시에 높아진다. 처음에는 매수 에너지가 강했지만, 그에 비례하여 매도 의향이 빠른 속도로 높아지면서 어느 지점에선가 매수 에너지를 따라잡는다. 그리고 매수와 매도 에너지가 팽팽해지는 지점에서 매매가 성립된다.

반대로 투매가 집중적으로 일어나는 시장에서는 가격이 점점 낮아진다. 지나친 공급으로 매도 압력이 높아지면서 가격이 폭락하면 자연스럽게 바겐 헌팅을 노리는 세력이 들어온다. 혹은 일부 매도자가 '이렇게 저가에 파는 것은 손해'라며 매도 주문을 거두어들인다. 이것도 시장의 수급 조절 기능 가운데 하나다.

경제 활동은 수요와 공급의 줄다리기다. 싸게 사고 싶은 욕구와 비싸게 팔고 싶은 욕구가 시장에서 충돌한다. 그리고 가격을 변동시켜 수요공급을 조절한다. 재미있는 것은 원하는 가격대까지 가격이 내려가길 기다리는 것은 자유지만, 다른 사람들이 사버리면 거기서 매매가 성립해버린다. 자신이 원하던 가격보다 고가에 매수 기회를 빼앗겨버리는 것이다.

매도도 마찬가지다. 수익을 기대하며 가격이 조금 더 오르면 팔려고 신이 나 있었는데 훨씬 앞서서 누군가가 매도를 쏟아냈다. 그것을 보고 많은 사람이 너도나도 매도에 나선다. 정신을 차리고 보니 매수 에너지는 이미 사라지고 자신은 원하던 가격에 팔기는커녕 시장에 혼자 남겨지고 만다.

이처럼 긴장감을 동반한 현상은 시장에서 일상다반사로 일어난다. 시장이 모두에게 열려 있는 만큼 수요와 공급의 조절은 불특정 다수의 시장 참가자에 의해 매우 자연스럽게 이루어진다. 시장에서는 어디서 누가 어떤 행동을 할지 알 수 없는 환경 속에서 공공연하게 수급 조절이 이루어진다. 거기에는 개인의 방종이나 정치적인 의도 등이 끼어들 여지가 없다.

시장이 개방되어 있을수록 세계 각지에서 불특정 다수의 사람과 물건, 그리고 돈과 정보가 모여든다. 당연히 전 세계 사람들의 다양한 경제적 목적이나 이해관계도 스며든다. 이러한 자유로운 시장 참가를 전제로 그 시점의 수요와 공급의 힘 관계가 조절된다. 그것은 만인이 자유롭게 참가할 수 있는 시장에서 지극히 공개적이고 투명하고 공정하게 수요와 공급이 조절된다는 뜻이다. 이것이 시장의 수급 조절 기능이다.

그게 다가 아니다. 시장에서 시시각각 형성되는 가격과 그 거래 상황이 최신 정보로서 발신되고 다음 경제 활동을 유인한다.

시장은 한없이 개방적이고 투명하고 공정하게 운영되어야 한다. 그런 만큼 '시장의 자정작용'은 매우 중요하다. 시장의 자정작용에 대해서는 뒤에서 자세히 살펴보도록 하자.

시장에서 가격형성의 중요성

시장의 기능 그 두 번째는 가격 발견이라는 중요한 역할이다. 시장에서는 만인의 자유로운 참여로 수요와 공급이 자동으로 조절된다. 그리고 양쪽의 균형점에서 가격이 결정된다. 그만큼 많은 사람이 납득할 수 있는 선에서 가격이 결정된다는 이야기다. 따라서 객관성이 높다. 시장이 개방적이고 투명하고 공정할수록 결정된 가격에 자의성 등이 작용할 여지가 없어진다.

물론 결정된 가격에 만족할 수 없다면 언제든 다음 시장에 참가하여 가격의 제정을 촉구할 수 있다. 모든 것은 그 시점의 수요와 공급의 균형에 달려있다. 가격에 대한 불만이 독선적이지 않고 많은 시장 참가자의 공감을 얻는다면 큰 세력이 되어 시장에서의 수급 조절 기능에 영향을 미친다. 그리고 새로운 가격이 형성된다.

중요한 것은 수요와 공급의 균형이 투명하고 공정하게 조절되어 가격이 형성되어야 한다는 점이다. 인위적이거나 정치적인 압력이 끼어들면 시장의 가격 발견 기능은 제 몫을 해내지 못한다. 그것은 정상적인 경제 활동을 방해한다. 경제 활동은 수요와 공급이 전부다. 수요와 공급의 균형점인 가격의 형성이 어긋나버리면 무엇을 판단기준으로 삼아야 좋을지 알 수 없게 된다.

시장에 있어서 가격 발견 기능은 어디까지나 가격을 합리적인 수준으로 결정해주는 일이다. 주가의 경우에는 각 기업의 경영 상황부터 사회적인 평판까지 모든 정보가 들어있다.

주가의 추이를 들여다보면, 기업 경영자는 좋은 평가를 받을 때도 있고 나쁜 평가를 받을 때도 있는데 그 평가는 시시각각 주가에 반영된다. 주가는 지극히 객관적인 평가이며, 투자자에게는 그 기업의 주식을 매수할지, 매도할지 합리적으로 판단하기 위한 재료가 된다.

최근 30년 사이에 세계적으로 인덱스펀드나 ETF가 기반을 넓혀왔다. 이른바 평균 주가에 투자하는 것으로 여러 기업의 주가를 하나로 모은 패키지가 시장에서 매매되고 있다. 인덱스펀드가 추적하는 대표적인 목표지수에는 닛케이 평균지수나 도쿄증권거래소의 토픽스(TOPIX) 지수, 미국 S&P500 등이 있다. 인덱스 산출방식은 다우평균이나 시가총액의 가중평균 등 다양한 방법이 있으며, 각 기업의 주가를 균등하게 편입하여 구성한다.

한편 ETF는 상장지수펀드라고 불리며 닛케이 평균이나 토픽스 지수 같은 인덱스를 펀드로 만든 것이다. 개별 기업에 투자하는 것과 마찬가지로 주식 시장에서 장이 열리는 동안 언제든지 자유롭게 매매할 수 있는 운용상품이다.

본래 개별 기업의 주식을 주로 매매하던 주식 시장에서 인덱스펀드나 ETF가 점차 기반을 넓혀가는 중이다. 각 기업의 주가 형성을 짓밟을 정도로 존재감을 드러내고 있는데, 최근 인덱스와 그 선물 거래 매매액은 일본 주식 시장에서 무려 80% 전후, 미국에서 약 85%에 이른다. 전통적인 개별 주식 거래가 찬밥신세가 되고 말았다.

지금은 인덱스, ETF 같은 수치가 주식 시장이나 선물 시장에서 주요 투자 대상으로서 매매되고 있다. 즉 인덱스나 ETF를 조성하는 기업군 가운데 가격 변동에 큰 영향을 미치는 기업이 집중적으로 팔리고 있다. 다시 말해 인덱스나 ETF를 끌어올리기 위해 가격 영향력이 센 개별 기업의 주식을 사들이는 것이다. 헤지펀드나 투기꾼은 물론 운용 성적을 높이기 위해 기를 쓰는 기관투자자가 이 머니게임을 주도하고 있다.

이처럼 상황이 비정상적으로 흘러가고 있다. 각 기업의 업적 동향을 철저하게 조사하고 매수할 기업과 매도할 기업을 선별하여 투자하는 것이 주식 투자의 기본이다. 그런데 투기꾼을 비롯한 기관투자자가 거액의 자금을 배경으로 일부 기업의 주식을 마구 사들인다. 그런 식으로 인덱스나 ETF를 끌어올리고 이윤을 남기는 것이다. 투자가 아니라 완전한 파워게임이다.

그들은 인덱스, ETF 가격 변동에 영향을 줄 것 같은 거시적 지표나 정치 동향을 주시한다. 하지만 각 기업의 업적 동향 따위는 안중에도 없다. 실제로 기관투자자들 가운데 개별 기업의 리서치 부서를 폐지하는 곳이 잇따르고 있다. 그렇게 되면 시장에서의 가격 발견 기능은 전혀 작동하지 않는다. 각 기업의 실적 동향을 무시하고 평균 주가로서 한데 묶은 인덱스나 ETF를 투자 대상으로 삼고 있기 때문이다.

사실 이러한 파워게임을 선도하고 있는 것이 연금 등 전 세계 기관투자자다. 일반 사람들에게 연금을 위탁받아 운용하는 기관투자자가 시장에서의 가격 형성을 교란하고 있는 것이다.

일본은행도 시장을 짓밟고 있다

최근에는 일본은행이 ETF를 대량으로 매입하여 주가 형성을 어지럽히고 있다. 이미 34조 엔이나 매입했고, 곧 공적연금(GPIF)을 제외하고 일본 최대 주식보유자 즉 일본은행이 가장 큰 주주에 오를 기세다.

일본은행은 ETF를 매입하는 매수자로서 시장에 참가하고 있을 뿐이라고 주장한다. 주가 전반을 높게 유도하고 국가 정책에 협력하는 것이 목적이라는 것인데 즉 주가 상승에 따른 자산효과로서 경기 부양을 촉진시킨다는 것이다.

이것은 국가의 힘으로 시장의 가격 발견 기능을 짓밟는 매우 위험한 행위다. 통화 발행권을 보유한 일본은행은 사실상 마음만 먹으면 ETF를 얼마든지 매입할 수 있기 때문이다. 결국, 어떻게 해서든 주가를 상승시키겠다는 정책 목적을 가진 시장 참가다.

이는 경제 활동에서 발생하는 수급 균형을 조절하는 시장 기능을 근본부터 무시한 처사다. 당연하게도 가격 발견 기능은 전혀 작동하지 못한다. 애초에 ETF 매입이라는 것은 주식 시장에 상장해 있는 기업의 주식을 선별하지 않고 이것저것 뒤섞어서 사는 것이다. 거기에 결정적인 문제가 숨어 있다.

무엇이 문제일까? 시장의 가격 발견 기능에는 시대 적합성을 잃은 기업에 대해 시장 퇴출을 촉구하는 중요한 역할이 있다. 투자자가 그 기업을 외면하려는 움직임이 확산되면 주가는 점점 하락하고 결국에는 종잇조각이 되고 만다. 모두에게 그 기업은 인정받지 못하는 존재로 낙인찍힌다. 이를테면 시장 퇴출 선고다.

이처럼 손 쓸 수 없는 상태에 이른 기업의 자연 도태를 촉구하는 것도 시장의 중요한 역할 가운데 하나다. 그런데 일본은행은 ETF를 대량으로 매입하여 그러한 기업의 도태를 저지할 뿐만 아니라 오히려 존속시키려고 한다.

이것은 우승열패와 적자생존으로 성립되는 자유주의경제를 근원부터 흔드는 자살행위나 다름없다. 자유경쟁 사회에서는 기업이나 개인의 탈락, 도태와 패자부활이 존재하는 것이 당연하며 그것을 억제하면 결국 경제가 약해진다.

개방적이고 투명하고 공정한 거래가 이루어지는 시장에서의 가격 형성 및 자연 도태는 건전한 경제 활동을 위한 첫걸음이다. 그것을 정치 권력으로 억누른 상태에서 경제의 활성화를 꾀한다는 것은 커다란 정책적 모순이다.

어차피 일본은행이 주식을 사들인다면

최근 세계적으로 통화의 파수꾼인 중앙은행에 경기 대책의 한쪽 날개를 짊어지게 하려는 경향이 짙다. 이것은 절대로 바람직한 움직임이 아니다. 뒤에서 다루겠지만, 선진각국은 이에 대한 막대한 대가를 치르게 될 것이다.

일본은행이 어떻게든 주가를 상승시키고 싶다면, 훨씬 더 좋은 방법이 있다. 물론 시장 기능을 충분히 존중한다는 전제를 바탕으로 한 이야기다.

어떤 방법일까? 일본은행이 ETF를 매입하는 대신, 투자 일임업자가 일본 주식 시장에서 개별 주식, 그것도 현물 매수로 경쟁 운용하도록 하는 것이다.

구체적으로 말하자면 이렇다. 우선 현물 매수 공개 경쟁에 참여를 희망하는 투자 일임업자를 공모한다. 그런 다음 일본은행이 경쟁에 참여한 업자에게 분기마다 균등액을 배당한다. 2년 차 이후부터는 누적 운용 성적을 근거로 배당액에 차이를 둔다.

일본은행은 당초 연간 3조 엔의 ETF 매입을 목표로 했지만, 최근에는 6조 엔까지 사들이고 있다. 실로 어마어마한 금액이다. 이 금액을 균등하게 할당하여 각각 운용시킨다면 투자 일임업자에게 있어서 커다란 비즈니스 기회가 된다. 운용사들은 공개 경쟁인 만큼 자사의 명예를 걸고 좋은 성적을 세상에 내보이고 싶어 할 것이다. 게다가 누적 성적이 좋으면 배당액도 높아진다.

각 운용사는 분명 좋은 성적을 거두기 위해 상당히 노력할 것이다. 그리고 운용 성적부터 편입 종목까지 모든 정보를 일본은행 홈페이지에 순위대로 공표한다. 그렇게 되면 운용사들은 투자 대상 기업을 엄격하게 선별하게 된다. 장래 실적 전망이 좋은 기업은 많이 팔리는 한편 그렇지 못한 기업은 투자 대상에 들지 못한다. 즉 일본은행에 의한 공개 경쟁은 좋든 싫든 상장기업의 적자생존을 촉구한다. 부실기업은 눈길도 받지 못하고 시장에서 도태된다. 이것은 시장의 기능 그 자체라고 할 수 있다.

그뿐만이 아니다. 일본은행이 이렇게나 대량으로 ETF를 매입했다는 것은 이미 매각 불가능 상태라는 이야기다. 조금이라도 매각 의향을 드러내는 순간 주식 시장은 대폭락한다. 만약 그렇게 되면 치욕적인 오점으로 후세에 길이 남을 것이다.

공개 경쟁에서는 각 운용사가 장래 가능성이 큰 기업을 중심으로 포트폴리오를 구축한다. 아무리 해도 팔리지 않는 부실기업에는 절대로 투자하지 않는다. 결과적으로 장래에 만약 일본은행이 정책을 변경하여 보유주식을 매각하게 되더라도 주식 시장에서 소화하는 데 무리가 없다. 언제든지 매각할 수 있는, 유동성을 의식한 포트폴리오 구축은 전문가의 운용에 있어서 기본이다.

다시 한번 말하지만, 일본은행 등 중앙은행이 주식에 투자하는 것은 바람직한 모습이 아니다. 게다가 ETF의 대량 매입은 최악의 투자라고 할 수 있다.

시장의 보복

시장의 세 번째 기능은 경고 기능이다. 수요와 공급 가운데 어느 한쪽의 힘이 훨씬 강해서 가격이 한 방향으로 기울어졌을 때 제동을 거는 시장 특유의 중요한 역할이다.

시장의 경고 기능이란 경제 합리성으로의 회귀를 촉구하는 것이다.

경제 현장에서는 종종 수요 혹은 공급 어느 한쪽의 압력이 비정상적으로 높아지면서 가격이 한 방향으로 기울어질 때가 있다. 그때 시장이 수요와 공급의 불균형을 시정하는 역할을 한다. 즉 균형을 유지하는 힘이 자연스럽게 반대 방향으로 작용하는 것이다.

균형 기능은 시장이 개방되어 있을수록 큰 힘을 발휘한다. 경제 합리성을 바탕으로 정치적 의도나 인위적인 압력 등에 대해 반대하는 목소리를 내기도 한다. '시장으로부터 맞대응(tit for tat) 식의 보복을 당한다'라는 말이 있다. 당시의 인기나 정치적인 압력으로 지나치게 경제 합리성을 무너뜨리면 어딘가에서 심한 '보복'을 당한다는 교훈이다.

이를테면 이런 말이다. 인위적인 무언가의 압력으로 가격을 억지로 끌어올리는 것은 가능하다. 투기꾼에 의한 시세 조종이 그렇다. 대량의 자금으로 주가를 의도적으로 끌어올리는 것이다. 하지만 주가를 끌어올리기 위한 매수가 진행되는 동안 그 반동으로 매도 에너지가 점점 축적되기 시작한다. 그리고 어느새 매수 쪽은 팽팽하게 늘어난 고무줄 같은 상태가 된다. 그 순간을 기다렸다가 매도 에너지가 폭발한다.

쌓일 대로 쌓인 마그마가 분출하면 시장은 단번에 무너져내린다. 그 시점까지 인위적으로 대량 매입해왔기 때문에 매수 에너지는 이미 바닥난 상태다. 그때 매도가 집중되면 가격은 진공상태를 낙하하는 것처럼 수직으로 추락한다.

무시무시할 정도로 가격이 바닥을 치는 것을 보고 '시장의 보복'이라고 일컫는 것이다.

방만 재정에 제동을 건다

시장의 보복은 국가 정책에 대해서도 가차 없다. 금융 버블 붕괴에서도 엄청난 보복이 예상된다. 그것은 제5장에서 자세히 설명하기로 하고, 여기에서는 시장 메커니즘의 관점에서 살펴보도록 하겠다. 예를 들어 국가가 방만 재정의 구멍을 메우기 위해 국채를 대량으로 발행했다고 하자. 시장에서 보면 국채의 대량 발생, 그러니까 큰 폭으로 공급이 초과된 상태다.

그렇게 되면 시장은 혼란에 빠진다. 국채의 대량 공급에 상당하는 매수 수요를 높이기 위해서는 어느 정도 금리를 높일 필요가 있다. 따라서 국채를 발행하려는 국가 측에 국채 금리의 인상을 촉구한다. 그렇게 해서라도 국채 매입에 대한 매력을 높이지 않으면 매수자가 나타나지 않을 것이라고 국가를 압박한다. 그것을 무시하고 국채를 대량으로 발행한다고 해도 시장에는 매수자가 없기 때문에 국채 대부분이 팔리지 않고 남게 된다. 그러면 국가는 예상했던 금액을 시장에서 조달할 수 없게 되는 것이다.

국채의 대량 발행이라는 뉴스만으로도 시장은 빠르게 반응한다. 신규 국채의 대량 공급에 의한 채권 시장 가격 붕괴를 피하고자 채권을 매도

하려는 움직임이 생겨나면서 채권 가격은 하락하기 시작한다.

채권 가격 하락은 시장에서의 거래금리, 특히 장기금리 상승으로 이어진다. 장기금리가 상승해버리면 손 쓸 도리가 없다. 그런데도 국채를 발행하고 싶다면 국가는 발행금리 인상을 단행할 수밖에 없다. 발행금리 인상의 재촉이든 장기금리 상승이든, 국채를 대량 발행하려는 국가 측에 있어서는 비용 증가로 직결된다. 결과적으로 국가는 예정했던 국채의 발행액을 줄이거나 발행 그 자체를 중단해야 하는 상황에 놓인다.

이것이 시장의 경고 기능이다. 경제적 불균형을 가격 변동 혹은 금리 변동을 통해 합리적인 수준으로 수정한다.

아무리 국가라고 해도 시장의 경고 기능 즉 경제 합리성에 대한 제재를 거스를 수는 없다. 억지로 압력을 가하면 경제 활동을 방해하고 결과적으로는 계속해서 높은 비용을 치르게 된다. 이 역시 시장의 보복이다.

시장의 경고가 없다는 공포

여기까지 시장의 기능에 대해 살펴보았다. 그중에서도 중요한 것은 시장의 경고 기능으로 이것이 제대로 작동해야 건전한 경제 활동이 담보된다. 그런데 이러한 시장의 경고 기능을 짓밟아 온 것이 지난 25년 동안 이어진 일본의 초저금리 정책이다. 리먼 쇼크 이후 12년에 걸친 선진국의 금융 완화 정책도 이에 한몫했다.

일본은 1995년 4월에 기준금리를 1%로 낮췄고 같은 해 9월에는 0.5%로 거듭 인하하면서 초저금리 정책에 돌입했다. 그로부터 지금에 이르기까지 일본은 초저금리 심지어 제로 금리가 이어지고 있다.

미국과 유럽 주요국도 2008년 리먼 쇼크 이후 초저금리 그리고 제로 금리로 금융 정책 방향을 잡았다. 일본과 미국, 유럽 국가들은 버블 붕괴로 거액의 부실채권을 떠안은 기업과 은행에 대해 '대마불사'라는 이유로 이런저런 구제책을 마련했다. 그 핵심이 바로 제로 금리와 대량의 자금 공급 정책이다.

정책 금리를 제로에 가까운 수준까지 낮추면 기업의 자금 융통에 숨통이 트이고 금리 부담도 낮출 수 있다. 그만큼 버블 붕괴 이후의 경기가 빠른 속도로 회복되고 기업 도산이나 대량 실업도 막을 수 있다. 게다가 은행의 부실채권도 빠르게 처리하려는 심산이다. 오히려 이대로 방치하면 경제뿐만 아니라 사회 전체가 혼란에 빠질 것이라는 의견이 지배적이었다. 그것이 바로 1990년대에 들어서부터의 일본 경제이며 리먼 쇼크 이후 선진국이 취한 대응이었다.

버블이 붕괴하자 일본을 비롯한 선진각국에서는 많은 기업과 금융기관이 대규모 평가손을 기록했고 금융 기능은 마비되기 시작했다. 그것이 신용경색을 불러일으키면 경제 활동에 제동이 걸리기 때문에 어떻게든 손을 쓰지 않으면 안 되는 상황이었다. 금융 기능 마비나 신용경색을 막으려면 금리를 사실상 제로 수준까지 낮추고 대량으로 자금을 공급할 수밖에 없다. 일본과 유럽, 미국의 정부와 금융당국은 그렇게 판단을 내렸다.

분명 그 논리는 일리가 있다. 부실채권으로 위기에 빠진 금융기관의 여신 능력이 큰 폭으로 낮아졌고, 이대로라면 경제 활동의 확대재생산을 기대할 수 없다. 그렇게 생각하게 되는 것도 이해는 된다. 다만 시장의 논리로 생각하면 정치적 배려를 지나치게 우선한, 경제 합리성이 결여된 사고방식으로밖에 보이지 않는다.

버블 붕괴로 인해 금융 시장과 경제는 대혼란에 빠졌다. 기업의 연쇄도산과 대량 실업의 발생을 무슨 일이 있어도 막아야 한다는 정치적 판단은 정말 타당한 것일까?

버블에 열광하다가 버블 붕괴 이후 대규모 평가손을 입은 기업과 거액의 부실채권을 떠안은 금융기관이 위기 상황에 놓였다. 그렇다고 해도 양쪽 모두 민간기업으로서 자기 책임하에 대처하는 것이 옳다.

애초에 '대마불사'가 아니라, 규모가 아무리 커도 무너질 것은 무너진다. 그것이 자유경쟁 경제 그리고 시장의 논리다. 시장의 논리나 경고를 무시하면 결국 큰 비용을 치르게 된다.

기업과 금융기관의 신진대사야말로
경제 활성화로 이어진다

버블 붕괴 여파로 기업과 금융기관이 연쇄적으로 무너진다. 그것은 그저 경영 실패에 불과하다. 경제 현장에서 도태되어 시장에서 탈락한 것일 뿐이다. 자유경쟁 경제에서 기업 구제책은 전혀 필요하지 않다.

버블이 붕괴하는 과정에서 불황에 빠지면 금리는 당연히 낮아진다. 일부러 제로금리 정책을 도입할 필요도 없다.

대량 실업이 발생했을 때 무너져가는 기업에서 여력이 있는 기업으로의 노동력 이전은 오히려 환영받아야 할 일이다. 경제 활성화에는 필수불가결하다. 물론 그 과정에서 필요한 실업보험 적용이나 노동자 재교육 등은 국가가 책임지고 수행해야 한다. 중요한 것은 기업과 금융기관이 버블 붕괴에도 움츠러들지 않고 위기를 기회 삼아 기세 좋게 치고 나가겠다는 결단을 내리는 것이다. 정책은 그 점에만 집중하면 된다.

버블이 붕괴해도 사람들의 일상은 계속된다. 사람들의 생활을 뒷받침하는 기업활동 역시 한순간도 멈추지 않는다. 사람들의 생활이나 그것을 지지하는 기업활동 및 금융 서비스는 버블 붕괴와 상관없이 계속된다.

사람들의 생활을 지지하는 기업으로서도, 신용을 제공하는 금융기관으로서도 시장에 새로운 참가자가 많이 등장하는 편이 낫다. 그래야 경제에 활력이 생기고 건전한 발전으로 이어지기 때문이다.

강력한 버블 붕괴든 통상적인 불황이든 부적격한 기업과 금융기관을 정리하고 도태시키는 작용이 있다. 이것을 불황의 효용이라고 한다. 자유경쟁 경제에서는 언제, 어떤 상황에서라도 참가자의 신진대사를 촉진하는 것이 중요하다. 그렇게 함으로써 더욱 건전하고 활력이 넘치는 경제를 만들어 갈 수 있다.

활력이 있는 기업에 더 많은 자금과 정보가 향하도록 하는 것도 시장의 중요한 역할이다. 이로써 우승열패나 적자생존 법칙을 확실하게 지켜갈 수 있다. 그런데 일본과 유럽, 미국은 버블 붕괴에 대한 대응으로 기업과 금융기관을 구제하는 정책을 채용했다. '대마불사'라는 정책 판단으로 자유경쟁 경제의 기본인 적자생존의 원칙을 짓밟아버렸다. 그 성과는 어땠을까? 시간이 지나도 저성장에서 벗어나지 못하고 정책목표로 정해둔 2% 인플레이션조차 달성하지 못했다. 그와 동시에 경제적·사회적 격차는 점점 벌어지고 있다.

국가의 빚인 정부채무 역시 현저하게 늘어났는데, 일본은 30년 사이에 1000조 엔 이상 불어났다. 그 가운데 많은 부분을 차지하는 것이 기업이나 은행 구제 정책으로 발생한 비용이다. 너무 큰 비용을 지출한 것이다. 게다가 제로금리 정책과 대량의 자금 공급으로 기업 경영 전반이 해이해졌다. 거기에 좀비기업까지 증가하고 있다. 어떻게 봐도 건전한 경제발전과는 거리가 멀다.

대마불사 등 정치에 의한 구제책을 비웃기라도 하듯 최근 디지털 혁명의 흐름을 타고 GAFAM 등 인터넷 관련 신흥 기업이 몸집을 키워가고 있다. 참으로 아이러니한 상황이다.

금리가 제로, 경제가 움직일 리 없다

세계 주요 국가들은 여전히 제로금리 정책을 고수하고 있다. 거기에 더해 지금 세계 주식 시장에는 17조 달러라는 거액의 마이너스 금리 국채가 유통되는 등 비정상적인 상황이 연출되고 있다.

통상 채권 투자라는 것은 만기 때 원금이 돌아온다. 그리고 그동안 쌓인 이자의 합계가 채권 투자의 수익이 된다. 채권 가운데서도 특히 국채 투자는 가장 안전한 투자 대상으로 여겨진다. 하지만 아무리 안전하다고 해도 마이너스 금리 국채는 만기까지 보유해도 플러스가 되지 않는다. 그런 마이너스 금리 국채를 세계 금융기관과 연금 등 기관투자자가 1800조 엔어치나 사들였다.

아무리 제로 금리로 인해 운용 난에 시달리기로서니 마이너스 금리 국채를 1800조 엔이나 들여 사들이는 것은 이해하기 힘들다. 도대체 어떻게 운용 책임을 질 것인가?

물론 그들은 만기까지 보유하지 않고 어딘가에 팔아치울 셈이다. 여전히 세계적으로 금융 완화 정책이 계속되고 있는 만큼, 매수는 끊임없이 들어올 것이고 언제든지 매도할 수 있다며 대수롭지 않게 여기는 것이다. 마치 도둑잡기(old maid)[*] 게임 같은 운용을 하고 있다. 여기서 채권 시세가 무너지거나 장기금리가 상승하면 모든 것이 끝이다. 엄청난 리스크가 현실로 다가올 것이다. 그 정도로 전 세계가 금리 없는 세상에 빠져 있다.

말할 필요도 없이 경제 활동에서 금리는 필수 불가결하다. 어쨌든 금리는 이익 그 자체이기 때문이다. 따라서 금리를 제로로 하면 경제가 움직일 리 없다. 그뿐만 아니라 정상적인 경제 활동을 방해한다. 금리는 금리의 상하변동을 통해 경제 활동을 조절하는 동시에 그 시점의 경제 합리성을 나타내는 척도이기도 하다. 제로 금리는 그 역할을 짓밟는 꼴이 된다.

금리가 없는 세계에서는 금리 비용을 전혀 의식하지 않는다. 예를 들면 국채를 얼마든지 발행할 수 있다는 유혹에 사로잡히는 것이다. 다시 말해 국채 발행에 제동이 걸리지 않게 된다. 그 후에는 도대체 어떻게 될까? 그렇다. 시장이 보내는 경고가 귀에 들어오지 않는 상태가 된다. 결국에는 제동이 걸리지 않는 폭주를 방관하게 될지도 모른다. 정치가는 강제로 정책을 밀고 나가면 그만이겠지만, 경제적인 불합리는 차곡차곡 쌓여가고 이후 상황은 더욱 악화된다.

지난 30년 동안 일본 경제는 끊임없이 나빠졌고 계속해서 활력을 잃

---

[*]　같은 수의 패 두 장이 짝지어질 때마다 판에 버리다가 마지막에 조커를 가진 사람이 지게 되는 카드 게임 - 옮긴이

어왔다. 한편 국가의 빚은 점점 쌓이고 있다. 아베노믹스는 심각한 디플레이션을 멈추게 했지만, 그 외에 어떤 플러스 효과가 있었는가?

경제는 생물이다. 경제 합리성이 발휘되어야 새로운 경제 행동에 활력이 생겨난다. 따라서 제로 금리나 대량의 자금 공급 정책으로 경제 합리성을 계속해서 무시한다면 기업 경영뿐만 아니라 경제 활동 전반이 느슨해질 수밖에 없다.

시장의 자정작용은 어디로 갔는가

이토록 국가와 중앙은행이 시장 기능을 짓밟아 왔는데 이제 와서 시장의 자정작용을 운운하는 것이 이상하게 느껴질지도 모른다. 하지만 시장의 자정작용은 매우 중요한 관점이다.

시장의 자정작용이란 시장 관계자는 물론 참가자가 마땅히 가져야 할 도덕 혹은 높은 의식이다. 그것을 바탕으로 시장이 본래 지니는 훌륭한 역할을 해내는 것이다.

시장은 개방적이고 투명하며 공정한 거래를 강조한다. 하지만 때로는 치열한 투기의 장소가 되어 폭주할 때도 있다. 시장 참가자 대다수가 상도를 벗어난 투기에 뛰어드는 것이다. 그것이 바로 버블이다. 어느 정도 상도를 벗어났는지는 투기 열기가 식은 후에 모든 참가자가 깨닫게 된다.

버블 투기 잔치가 끝난 후에는 시장 전체에 비참한 상처가 남는다. 경제 활동에도 악영향을 미치고, 시장의 순기능은 사라져버린다. 여기에서 등장하는 것이 시장의 자정작용이다. 요컨대 경제 활동이 원활하게 굴러가도록 다양한 기능을 발휘하는 것이 시장의 본래 역할이다.

지나친 투기를 용인하거나 그로 인해 경제 활동 전반에 마이너스 영향을 미치는 일이 일어나서는 안 된다. 그야말로 시장의 존재 이유를 스스로 부정하는 꼴이 된다. 그것은 절대로 있어서는 안 될 일이므로 시장 관계자가 중심이 되어 시장 참가 규칙을 수정한다. 그렇다고 해서 법률로 굴레를 씌워서는 안 되며 어디까지나 자유로운 참가라는 개방성을 존중한다.

이러한 대전제를 유지한 상태에서 상도를 벗어난 투기의 재발을 막고 시장 본래의 기능이 제대로 작동하도록 다양한 의견을 모은다. 시장의 특징인 개방, 투명, 공정이라는 커다란 틀은 무슨 일이 있어도 무너뜨리지 않는다. 그런 다음에 비로소 자기 개혁을 게을리하지 않는다. 그것이 시장의 자정작용으로 이어진다.

종종 국가나 사회 전체가 시장의 자정작용에 적극적으로 관여하기도 한다. 1980년대 미국에서 발생한 저축대부조합(S&L) 사태가 그러했다.

당시 일반시민을 대상으로 하는 소액 융자기관의 부실 여신이 누적되면서 잇따라 경영 파산하기 시작했다. S&L 융자는 정부가 지급 보증을

해주고 있었으므로 미 연방정부는 어쩔 수 없이 거액의 세금을 투입했으며, 이 사태로 미국은 S&L 경영진 5700여 명을 구속했다. 그들은 연방정부가 리스크를 흡수해주는 구조를 이용해 예금자의 자금으로 도박을 하는 도덕적 해이를 범하고 말았다. 그 점을 엄하게 추궁한 것이다.

시장의 정화를 위해 정부는 물론 미국 사회도 강력한 지지를 보냈다. 미국 정부와 국민은 자기규율과 균형감각이 결여된 시장 참가는 시장의 기능을 해치는 만큼 국민경제적으로 마이너스라는 판단을 내린 것이다.

그런 미국이 리먼 쇼크 때에는 단 한 명도 체포하지 않았다. S&L 사태보다 훨씬 심각한 도덕적 해이가 횡행했음에도 그것을 추궁하는 목소리가 전혀 나오지 않았다.

시장 원리주의의 폭주

최근에는 시장의 자정작용에 관한 이야기가 거의 들려오지 않는다. 오히려 시장 참가자 사이에서 '시장은 항상 옳다'라든지 '시장은 만능이다'라는 오만함이 폭주하고 있다. 특히 2000년대에 들어 세계적으로 금융 버블이 부풀어 오른 후부터 그런 경향이 짙어졌다. 이른바 금융 시대의 도래라고 하여 시장주의가 폭주하고 시장 근본주의 같은 것이 나오면서부터다.

시장 기능이 정상적으로 작동하는 한 시장의 조절 능력은 충분하며 정부에 의한 추가적 규제는 불필요하다. 그렇게 주장하는 것이 시장 근본주의다. 하지만 그 폭주가 리먼 쇼크를 불러왔다. 당시 세계적으로 이미 유동성이 넘치는 상태였다. 거기에 금융공학과 수식을 구사하여 금리를 부가함으로써 증권화한 운용상품 등이 잇따라 생겨났기 때문에 견뎌낼 재간이 없었다. 그렇게 만들어진 운용상품은 통계학이나 확률론에 따른 계산상의 산물에 지나지 않았다. 실물경제와는 거리가 멀다.

그런데도 높은 운용 성적만 추구하는 전 세계 금융기관과 연금 등 기관투자자에게는 좋은 운용 대상으로 환영받았다. 어느 정도의 확률로 얼마만큼의 수익을 기대할 수 있다는 식의 운용상품을 그들이 마다할 리가 없었다.

금융기관이나 연금 등 기관투자자는 어떻게 해서든 운용 성적이라는 숫자를 쌓고 싶어 한다. 말하자면 숫자를 좇고 있을 뿐이다. 실물경제에 어떻게 공헌할 것인가, 마이너스가 되지는 않는가 등은 운용 현장에서 전혀 고려되지 않는다. 오로지 숫자를 좇는 것에 지나지 않는 금융상품의 거래액이 천문학적인 숫자가 되었다. 가상 세계에서의 금융거래가 실물경제에서의 시장거래를 뛰어넘어 버젓이 한 자리를 차지하게 된 것이다. 그렇게 되면 숫자 교환에 불과한 매매가 시장을 제멋대로 휘젓고 다니기 시작한다. 시장 본래의 수급 조절 기능을 넘어서는 것이다.

실제로 세계의 기관투자자 운용에서는 운용 성적이라는 숫자를 쌓아

올리기 위한 자기매매(dealing) 운용이 주류를 이룬다. 숫자 교환을 반복할 뿐인 거액의 거래가 세계 금융 시장에서 지배적인 위치를 차지해버렸다. 이미 거기에는 시장 참가자의 도덕 따위는 없다. 그저 숫자로 된 거액의 금융거래가 시시각각 이루어지고 있을 뿐이다.

이 역시 금융 버블을 팽창시키는 데 큰 역할을 하고 있다. 그저 숫자를 좇을 뿐이므로 버블이든 뭐든 상관없다. 숫자만 많이 쌓아 올리면 그것으로 만족하기 때문이다.

- 제 5 장 -

금융 버블은
대폭락의 길로

Financial Bubble Crisis

언제까지 금융 완화와 대량의 자금 공급을 이어갈 것인가

전 세계가 경기를 확대하기 위해 우려가 될 정도로 금융 규제를 완화하고 대량으로 자금을 공급하고 있다. 코로나19가 발생했기 때문이라고는 해도 그 속도가 너무 빨라졌다.

제1장에서 이야기한 대로 금융 정책은 의회 등의 승인을 거치지 않고도 발동할 수 있는 매우 간편한 경기 대책이다. 중앙은행에 금융 완화 정책을 밀어붙이기만 하면 되기 때문에 선진국을 중심으로 유용하게 쓰이는 대책 가운데 하나다.

자금만 대량으로 공급하면 경제는 성장한다고 제창하는 통화주의 이론은 1980년대 무렵부터 침투하기 시작했다. 그리고 최근 20~30년 동안 선진국들은 금융 완화와 대량의 돈 뿌리기 정책을 추구해왔다. 그렇다면, 통화주의 정책은 과연 어느 정도의 경제효과를 가져왔을까? 주요 국가들이 금리를 사실상 제로까지 낮추고 자금을 대량으로 공급해왔지만, 그로 인해 성장률이 얼마나 높아졌다고 볼 수 있을까?

안타깝게도 일본은 물론 전 세계 어디를 봐도 그다지 큰 성과를 내지는 못했다. 선진국을 중심으로 어떤 나라도 성장률이 눈에 띄게 높아지지 않았다. 인플레이션 목표로서 2%의 물가 상승을 꾀하고 있지만, 그마저도 희망적이지 않다. 오히려 각국이 경기 대책을 점점 중앙은행에 의존하는 등 비정상적인 상황이 전개되고 있다. 경제 활성화부터 경기 부양까지 본래는 정부가 해야 할 일이다. 그런데 그 역할을 통화의 파수꾼인 중앙은행에 떠넘긴 것이다.

중앙은행은 인플레이션을 억제하기 위해 통화의 신용과 신뢰, 그리고 안정성을 갖춘 요새가 되어 중요한 임무를 수행한다. 그런데 통화의 파수꾼이어야 할 중앙은행에 모든 국가가 인플레이션을 일으키라고 압박하고 있다. 본말이 전도되고 지리멸렬한 정책이라고밖에는 표현할 길이 없다. 그런 당치 않는 일을 오랜 기간 강행해왔지만, 그런데도 통화주의 정책의 효과는 전혀 나타나지 않고 있다.

한편 금융 완화와 대량의 자금 공급을 고수해온 폐해는 점점 커지고 있다. 이 부분은 마땅히 경계할 필요가 있으며 이에 대해 이번 제5장에서 자세히 살펴보고자 한다.

어떤 폐해일까? 그렇다. 세계적 금융 버블이 2중, 3중이 아니라 4중, 5

중으로 겹겹이 부풀어 오르고 있지 않은가. 이미 제동이 걸리지 않은 폭주 상태다.

어느 시대든 버블은 결국에 무너졌다. 현재 진행 중인 금융 버블도 언젠가, 어딘가에서 붕괴할 것이다. 그때 수습할 수 없을 만큼 큰 혼란이 세계 금융 시장뿐만 아니라 세계 경제를 위협하게 될 것이다.

이번 장에서는 그 부분에 초점을 맞춘다. 아마도 세계는 엄청난 아수라장이 될 것이다. 따라서 이번 장의 표제를 '금융 버블은 대폭락의 길로'라고 정했다. 금융 버블의 붕괴를 넘어선 대폭락이다.

통화주의 정책의 효과는?

우선 금융을 완화하고 자금만 대량으로 공급하면 된다는 통화주의 정책에 대해 다시 한번 돌아볼 필요가 있다. 그것의 효과가 얼마나 미미했는지, 오히려 장래의 비용을 높이는 데 어떤 역할을 해왔는지 등에 대해서다.

첫 번째 주자는 일본이다. 1990년에 들어서 토지와 주식 투기 버블이 붕괴하고 지금에 이르기까지 약 30년 동안 일본 정부는 엄청난 규모의 경기 대책 예산을 계상해왔다.

일본은행은 초저금리 정책에서 제로금리 정책으로 들어섰고 국채 매입 등으로 거액의 자금 공급을 이어오고 있다. 특히 2013년에 구로다

하루히코가 아시아개발은행 총재가 되면서부터 금융 규제 정책은 엄청난 규모로 완화되었다.

일본 정부와 은행은 통화주의 이론을 완벽할 정도로 정책에 반영시켰다. 게다가 일본은 미국 경제학자들이 제창한 새로운 통화주의 이론의 실험장으로도 변모해왔다. 하지만 아무런 효과가 없었다. 버블이 붕괴한 지 30년이 지났음에도 일본 경제는 계속해서 빈곤과 장기 침체 상태에 빠져 있다. 일본 재무성이 2020년 6월 발표한 자료에 따르면 경기 대책 등의 재정 지출 확대로 인한 국가채무가 무려 1159조 엔에 이른다.

아베노믹스로 디플레이션 현상은 극복되었을까? 사실 이렇게나 많은 자금을 뿌리면 어떤 디플레이션이라도 잡을 수 있다. 하지만 아직도 일본 경제에 활력이 돌아오지 않았다. 그것이 현실이다. 물론 일본에는 세계에서 가장 빠른 속도로 인구절벽 현상과 고령화가 진행되고 있는 등 경제 이외의 마이너스 요인도 존재한다. 그렇지만 제로금리 정책과 끝없이 자금을 공급하려는 금융 완화 정책으로 과연 어디까지 경제 활동을 활성화시킬 수 있을까?

경제 활동 활성화는커녕 기업 경영 전반을 무작정 이완시켜버린 면은 부정할 수 없을 것이다. 제로에 가까운 금리로 얼마든지 자금을 빌릴 수 있는 환경에서는 기업 경영이 단련될 리가 없다. 실제로 낮은 생산성 등 일본 기업의 국제경쟁력은 처참한 수준으로 떨어졌다. 국가의 예산 뿌리기에 의존하는 좀비기업이 늘어나는 등 본래 사회에 부를 창출해야 할 기업들이 제 역할을 해내지 못하고 있다. 이래서는 일본 경제도 빈곤 상태를 벗어날 수 없다.

선진국도 유동성 과잉

2008년 9월 리먼 쇼크 이후 선진국들은 엄청난 기세로 대량의 자금 공급을 단행해왔다. 제로 금리를 도입하는 등 금융 완화 정책이 잇따랐고 EU에서는 재빠르게 금리를 마이너스까지 인하했다. 이것은 2000년대에 들어 세계적 금융 버블이 붕괴하면서 이에 대처하기 위해 마련한 대책의 일환이다. 이 금융 버블에 있어서 통화 과잉공급의 뿌리는 깊다. 이른바 과잉유동성이라는 것이다.

세계적인 과잉유동성의 발단은 1970년대에 발생한 두 번의 석유파동 때로 거슬러 올라간다. 선진각국을 중심으로 대규모 디스인플레이션 대책 예산을 투입한 것에서 시작되었다. 전후 배럴당 3달러도 안 하던 원유 가격이 제1차 석유파동 때 10~11달러로 상승했다. 그리고 제2차 석유파동에서 30~33달러까지 치솟았다. 에너지 가격을 시작으로 물가가 급등하면서 세계 경제는 급격하게 수요가 감퇴했다. 그러자 각국은 거액의 경기 대책비를 투입했고, 그렇게 세계적인 과잉유동성이 시작되었다.

이후에도 통화가치 하락을 계기로 발생한 아시아 및 러시아 금융 위기, 2000년 컴퓨터 오작동, 이른바 Y2K 문제에 대비하기 위한 자금 등을 명목으로 대량의 유동성 공급이 이어졌다. 그리고 2001년 9월 동시 다발적으로 테러가 발생하자 세계적 불황을 우려하여 미국이 중심이 되어 한층 더 대대적인 유동성 공급에 나섰다.

세계적으로 커다란 문제가 발생할 때마다 차곡차곡 쌓여온 과잉유동성은 어느새 각국의 금융 시장에서 거대한 존재가 되었다. '금융 시대의 도래'라고 불릴 정도로 금융 거래액이 실물경제를 넘어서기에 이르렀으며, 금융이 실물경제를 이끌면서 선진국을 중심으로 통화 만능주의가 널리 퍼졌다. 동시에 미국과 영국이 주도하는 시장경제가 세계를 석권했다. 커다랗게 부풀어 오른 금융 비즈니스가 한 나라의 경제를 움직일 정도가 되었다. 영국은 무려 GDP의 30%를 금융이 차지할 정도다.

그런 가운데 2000년대에 들어서 빠른 속도로 부풀어 오른 세계적 금융 버블이 붕괴했다. 바로 리먼 쇼크다. 선진각국을 중심으로 100년에 한 번 있을 위기라고 불릴 정도로 여파가 엄청났다.

금융 버블의 발단이 된 미국 거대 투자은행이나 그에 편승한 유럽 및 미국의 대형 은행들은 모두 거액의 평가손과 부실채권을 떠안았다. 그 여파는 유럽 작은 마을의 소규모 은행에까지 미쳤다. 이대로라면 신용이 급격히 수축하고 기업 도산과 대량 실업이 발생한다. 거기서 미국 및 유럽 각국은 팔리지 않는 증권화 상품 등을 대량으로 떠안으면서까지 큰 타격을 입은 금융기관을 '대마불사'라는 논리를 들어 구제하는 방향으로 노선을 틀었다. 일본 버블의 붕괴 이후와 동일한 정책이다. 어떻게 해서든 은행과 기업을 구제하겠다는 정책을 EU 각국도 채용한 것이다.

결과는 어땠을까? 이렇다 할 성과도 없이 유럽 경제는 장기 침체, 이른바 일본화(japanification)의 우려가 대두되었다.

미국 역시 금융 버블 붕괴로 타격을 입었지만 정부 당국은 금융기관과 기업을 구제하는 동시에 대형 은행에 자기자본 강화를 강력하게 재촉했다. 그것이 효과를 발휘하여 업계가 재편되었고 결과적으로 미국 금융계는 빠르게 회복했다.

일본이나 EU의 경제 침체와 다르게 미국 경제가 힘이 있는 것은 정부 관여를 강화한 결과라고 할 수 있다. 자금을 대량으로 공급해야 한다고 제창하는 통화주의의 본가인 미국이 대형 은행에 자본 강화를 강요한 것은 참으로 아이러니하다.

코로나19가 쐐기를 박다

그런 상황에서 2020년 2월에 코로나19가 세계를 덮쳤다. 세계 각국은 도시를 봉쇄하고 해외 이동 금지, 외출 금지 정책을 펼쳤다. 학교를 폐쇄하고 재택근무를 권유하는 등 감염 확산을 막기 위해 애썼다. 각국 국민은 어쩔 수 없이 외출을 자제하고 자택에 머무르는 정책에 따랐고, 그 결과 전 세계 경제 활동은 증발해버린 듯한 상태에 빠졌다. 인류의 이동이 대폭 제한되면서 다양한 경제 활동에 공백이 발생했으며 요식업이나 관광, 여행업계 그리고 철도, 항공회사 등은 고객 수요 급감이라는 직격타를 맞았다.

각국은 실업 대책, 취업 보상부터 중소기업의 자금 융통 지원까지 거액의 재정 지출에 나서야 했다. 사태를 방치하면 경제 활동에 궤멸적 타격을 입고 만다. 따라서 재빠르게 대책 자금이 투입되었다.

미국에서는 코로나19 직후인 2020년 4월에 실업률 14.7%로 전후 최악의 수치를 기록했다. 2300만 명이라는 대량 실업에 직면하자 미국 정부는 대규모 재정 투입에 나섰다. 어떻게 해서든 감염 확산을 막고 한시라도 빨리 경제를 재건해야 한다. 지금은 재정이 악화되더라도 코로나19가 불러온 시련을 넘어서지 않으면 안 된다.

이러한 긴급 사태에 대해 전 세계가 국가적으로 대책을 펼치는 것에는 아무도 이의를 제기하지 않는다. 이대로 손을 놓고 방치하면 경제 그 자체가 축소되기 때문이다. 그것을 피하기 위해서라도 계속해서 강심제를 놓을 수밖에 없다.

그렇게 각국은 고삐가 풀린 것처럼 재정 지출을 이어가고 있다. 마치 코로나19 문제로 면죄부를 부여받은 마냥 재정 지출을 확대했다.

사실 필자는 2020년 초부터 금융을 완화하여 자금을 대량으로 공급한다는 통화주의가 한계에 가까워졌다고 보고 있었다. 도착지는 결국 과잉유동성 버블의 붕괴, 그리고 통화가치 저하와 인플레이션의 도래다.

이 모든 것은 경제뿐만 아니라 사회에 커다란 혼란을 가져온다. 어차피 세계 경제와 사회가 혼란에 빠지는 것을 피할 수 없다면 통화주의가 한시라도 빨리 한계를 맞이하는 편이 낫다. 그래야 피해를 최소한으로 줄일 수 있다고 믿고 있었다.

그런데 거기에 코로나19 문제가 터졌고 더 큰 규모의 자금 공급이 필요한 상황이 되고 말았다. 통화주의의 한계는커녕 대량의 돈 뿌리기 정책이 한 꺼풀 덧씌워졌다. 그야말로 코로나19 위기가 금융 버블 팽창에 쐐기를 박은 것이다. 그리고 그 대가는 크다.

고삐가 풀린 재정 지출 확대

코로나19 상황에서 엉망진창이 되어버린 경제를 바로잡기 위해 적극적으로 재정을 지출하는 것도 좋지만, 그 자금은 어떻게 조달할 것인가? 세계는 지금 커다란 과제를 안고 있다.

우선 선진각국이 고삐가 풀린 듯한 규모와 속도로 재정을 투입하고 있는데, 이것이 재정 운영에 얼마나 부담이 되고 있는지부터 살펴보자. 세계 최대의 경제 대국인 미국을 들여다보면 그 심각성을 알 수 있다.

미국 재무부는 2020년도 재정적자가 사상 최대인 3.1조 달러에 달한다고 발표했다. 국내총생산(GDP) 대비 15%로, 리먼 쇼크 이후 금융 위기 때인 2009년도의 9.8%를 넘어섰고 20%대였던 제2차 세계대전 때에 가까운 수준을 기록했다.

미국의 재정 악화 상황은 [그림 5-1]에 일목요연하게 나와 있다. GDP 대비 비율로 봤을 때 2020년도의 급격한 악화는 놀라울 정도다. 앞으로도 추가로 거액의 재정 지출이 예상되는 만큼 미국의 재정 상황은 한층 더 악화될 것으로 보인다.

[그림 5-1] 미국 재무 적자는 사상 최대

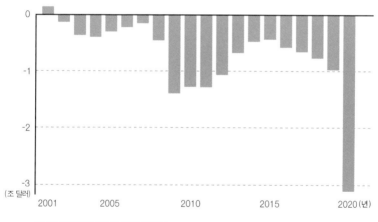

주: 각 회계연도 / 출처: 미국 재무부

한편 미 연방정부의 채무는 1년 만에 4조 달러나 증가하면서 약 27조 달러까지 불어났다. GDP 대비 120%를 기록했고 제2차 세계대전 직후 최악의 시기였던 1946년의 119%를 넘어섰다. (그림 5-2)

[그림 5-2] 미국 재정은 한층 더 악화

주: 회계연도. 20년도 GDP 대비 재무 적자는 2019년 1~12월 GDP 대비로 계산
출처: 미국 재무부, 미국 예산관리국

이것은 국제통화기금(IMF)이 예상하는 2020년 세계 평균 98.7%를 큰 폭으로 웃돈다. GDP 대비 최악의 수준을 독주하는 일본 266%나 이탈리아 162%에 이은 국가채무 수준이다.

기축통화인 달러를 책임지는 미국의 재정 악화는 국제 경제를 불안정하게 만드는 요인이 되므로 경계할 필요가 있다. 뒤에서 자세히 이야기하겠지만 선진각국 역시 재정이 악화된 상태로, 세계 경제 전반이 불안정한 상태다.

국제통화기금이 발표한 보고서에 따르면 2020년 미국, 유럽, 일본 등 27개 주요 국가의 GDP 대비 채무 잔고 비율은 128%라고 알려졌다. 이것은 제2차 세계대전 후인 1946년에 기록한 124%를 웃도는 사상 최악의 수준이다. 신흥국가도 GDP 대비 62.8%로 과거 최고 수준이 될 전망이다. 모든 국가가 심각한 상태라고 할 수 있다.

2020년 10월 15일자 니혼게이자이신문에 따르면 신종 코로나 바이러스에 대응하는 세계 각국의 경제 대책 총액은 12조 달러를 넘어섰으며 계속해서 확대되고 있다고 한다. 국제통화기금은 2020년 세계 국가채무 총합이 전 세계 총 GDP인 약 90조 달러에 필적하는 규모가 될 것으로 예측했다. 세계 GDP 대비 사상 최대인 98.7%가 된다는 이야기다.

선진국의 경우 2021년 국가채무는 GDP 대비 125%로 예측된다. 이것은 제2차 세계대전 직후의 124%를 웃도는 높은 수준이다. 1933년 세계 경제 대공황 때의 80%나 2009년 금융 위기 직후의 89% 등도 크게 웃돈다. 2020년 9월 8일자 요미우리신문에 따르면 GDP 대비 현금 급부나 감세 등의 재정 지출 비율은 미국이 12.3%로 가장 높았다. 그리고 일본 11.3%, 독일 9.4%, 오스트레일리아 8.8%, 브라질 6.5%가 그 뒤를 잇는다.

일본 재정 상황은 더욱 심각하다

심각한 것은 일본도 마찬가지다. 코로나19 발생 전에도 이미 일본은 국내총생산(GDP)의 2년분에 달하는 빚을 지고 있었다. 대부분 지난 30

년 동안 경제활성화자금으로 투입된 자금이다.

거액의 빚만 쌓이고, 눈에 띄는 효과는 얻지 못했다. 낮은 생산성의 상징이 될 정도로 일본 기업의 국제경쟁력은 점점 떨어지고 있다. 이 같은 추락을 어떻게든 막기 위해 국가 예산이 불어나는 악순환이 계속되고 있다.

일본은행은 국채나 ETF 매입 등으로 자금을 대량으로 공급하고 있다. 그 결과 일본은행의 총자산은 2020년 8월 말 기준 683조 엔을 기록하며 GDP 대비 약 1.3배를 웃도는 규모로 비대해졌다. 참고로 미국 연방준비제도(Fed)나 유럽 중앙은행(ECB)도 코로나19의 영향으로 재무를 급격히 확대했지만, 그럼에도 GDP 대비 각각 약 30%, 약 50% 정도다. 이것만 봐도 일본은행의 자산 규모가 얼마나 비정상적으로 비대해졌는지 알 수 있다.

일본 정부와 일본은행은 어마어마한 돈 뿌리기를 계속해왔다. 그야말로 앞뒤 가리지 않은 대범한 행동이다.

이렇게 말하는 이유는 다음과 같다. 앞서 말했듯이 일본 재무성은 2020년 6월 말 기준으로 국가채무가 1159조 엔에 이른다고 발표했다. 이러한 국가의 빚을 도대체 어떻게 줄여나갈 것인가. 2020년도 당초 예산이 102조 엔, 그 가운데 세수 예정액이 62조 엔이었다. 이것만 봐도 국가의 빚이 얼마나 심각한 상태인지 짐작할 수 있다. 참고로 재무성이 밝힌 2020년도 예산은 코로나19 대책비용이 더해지면서 160조 엔 이상

으로 늘어날 전망이며, 당초 예상했던 국채 신규발행액 32.5조 엔은 제
2차 추가경정예산 이후 단번에 90.2조 엔으로 증액되었다.

한편 개인이나 법인의 소득세를 중심으로 세수가 줄어드는 것은 확실
해 보이며 60조 엔을 크게 밑돌 것이 분명하다. 그렇게 되면 2020년도
재정 적자폭은 100조 엔을 넘겨 재정 운영 상태가 심각해진다.

일본은행도 국채와 ETF 등을 마구 사들이고 있다. GDP 대비 1.3배
가까이 재무를 팽창시켰고 여전히 멈출 기세는 보이지 않는다. 발권은
행인 만큼 얼마든지 신용창조할 수 있다고는 하지만 대체 어디까지 재
무를 늘릴 셈인가(일본은행이나 미국 연방준비제도이사회 등 중앙은행의 재무제표
를 보면 발행한 통화는 부채로 잡히고, 이를 통해 매입한 국채 회사채 등은 자산으로 잡
힌다. 그런데, 지금 발행한 통화는 실생활에 모두 유통되지 않고 사람들이 보유하거나
시중은행이 다시 중앙은행에 예치하고 있다. 이로 인해 중앙은행의 자산항목은 부채항
목보다 훨씬 커져 있다. 따라서 이제 자산과 부채를 맞추는 '재무제표 정상화'를 위해 비
정상적으로 커진 자산을 팔아야 한다. 예를 들어 '테이퍼링'이다. 이 과정에서 중앙은행
이 매입하는 국채나 회사채 물량을 줄이고 이어 보유한 물량을 매각한다면 시중 금리
상승(채권값 하락)으로 이어질 수 있다. 이 경우 중앙은행은 자산항목의 평가손실이 발
생하고 이 경우 통화가치 하락(인플레이션)으로 이어지는 경우가 많다. 즉 테이퍼링이
역설적으로 원치 않는 대량 인플레이션을 야기할 수 있다는 뜻이다. - 감수자).

일본은행이 엄청난 기세로 불리고 있는 재무 대부분은 금융기관에서

사들인 국채다. 매입대금은 엔화 지폐를 찍어내는 대신 일본은행 당좌예금에 쌓아두고 있다. 그렇게 일본은행 재무상태표 부채 계정에는 각 금융기관에 의한 일본은행 당좌예금이 쌓여간다. 일본은행의 차입 계정이 점점 불어나는 것이다(통계상 시중통화량(M2)은 늘지 않지만 일본은행 재무제표의 부채는 계속 늘어나고 있다. - 감수자). 지폐를 찍어내지 않을 뿐 그야말로 인플레이션을 일으킬 요인으로 충분하다.

일본은행이 비정상적으로 재무를 확대시키면 그만큼 엔화 가치에 불안정한 요인이 늘어난다. 뒤에서 자세히 설명하겠지만 채권 시장이 무너지면 국채를 대량 보유하고 있는 일본은행은 거액의 평가손을 떠안게 된다. 그것은 그대로 엔화의 신용 저하, 가치 하락, 그리고 인플레이션으로 이어진다. 만약 채권 시장이 무너지지 않아 국채 가격 폭락이 일어나지 않는다고 해도 일본은행 당좌예금이라는 형태의 부채 증가로 장래 인플레이션의 씨앗을 계속해서 뿌리고 있는 것이나 다름없다.

아직 물가 상승은 눈에 띄지 않지만, 보이지 않는 곳에서 조용히 인플레이션이 진행되고 있다. 본래 통화의 파수꾼이어야 할 일본은행이 오히려 그것을 선도하고 있는 것이다. 다만 "어디에도 인플레이션의 그림자는 보이지 않는다. 오히려 지금은 코로나19 불황으로 인해 한 발 잘못 디뎠다가는 디플레이션이 발생할 우려마저 있다. 그러므로 일본은행의 적극적인 재무 확대는 전혀 문제가 되지 않는다"라고 반론을 펼치는 사람이 있을지도 모른다.

하지만 그렇게 말할 수 있는 것도 지금뿐이다. 현재 일본 정부와 일본 은행은 수많은 지뢰가 묻혀 있는 들판을 달리고 있다. 어디서 지뢰를 밟을지 아무도 모른다.

국채 발행 급증과 국채의 화폐화

앞서 말했듯 일본의 2020년도 재정 적자폭은 100조 엔을 웃돌 전망이다. 엄청난 재정적자를 겪게 될 것이고 그 자금을 마련하기 위해서는 국채를 증발할 수밖에 없다. 그뿐만 아니라 2020년도 세수입은 대폭 감소할 것이 분명하므로 실제 국채 신규발행액은 더욱 늘어날 것이다. 상상을 초월할 정도로 대량의 국채를 발행하겠지만 그것을 대체 누가 살까? 은행이나 보험회사 등 민간 금융기관, 그리고 공적연금 등은 이미 국채를 잔뜩 보유한 상태다.

해외 투자자는 어떨까? 코로나19 상황에서 재정 지출이 큰 폭으로 확대되고 있는 것은 어느 나라나 마찬가지다. 모든 국가가 국채의 신규 발행으로 구멍 난 재정을 메꿔야 하는 상황이다. 해외 기관투자자도 일본의 국채를 매입할만한 여유는 없다. 만약 사준다고 해도 해외 투자자는 경제 정세나 금리 그리고 환율 동향에 따라 순식간에 운용 방침을 바꾼다. 매수 포지션이 갑자기 제로가 되는 등 움직임이 재빠르므로 그만큼 일본 국채의 가격이나 금리에 미치는 영향은 커진다. 그렇게 되면 남은 것은 일본은행에 의한 매입뿐이다. 2020년 6월 말 재무성은 일본은행이 이미 887조 엔의 국채 총 발행액 가운데 57% 이상을 보유하고 있다고 발표했다. 그 보유액이 더욱 늘어나게 되는 것이다.

이제껏 일본은행은 금융기관에서 국채를 매입해왔다. 하지만 어떻게 봐도 실질적으로는 국채의 화폐화(monetization)*다. 일본은행이 국채의 화폐화를 더욱 가속화하면서 결국 비정상적인 모양새가 되었다.

코로나19 사태가 안정되고 경제가 다시 살아날 때까지 국채 발행의 증가는 어쩔 수 없을지도 모른다. 하지만 국채 발행 증대와 과도한 국채의 화폐화는 심각한 문제를 일으키게 된다. 바로 인플레이션이다. 그것도 전대미문의 강력한 인플레이션을 불러일으킬 것이다. 이 점에 대해서는 제6장에서 자세히 이야기하겠다.

멈추지 않는 금융 완화

자금을 대량으로 공급해야 한다는 통화주의 이론은 최근 30년 동안 주류를 이루어왔으며, 지금 세계 경제는 금융 완화와 대량의 자금 공급을 전제로 움직이고 있다.

경제는 애초에 사람들의 일상생활과 그것을 뒷받침하는 기업활동으

---

* 중앙은행이 통화를 발행해 국채를 직접 사들이는 것 - 옮긴이

로 성립된다. 그런데 최근 당연시되는 '통화가 경제를 견인한다'라는 도식에 따르면 '실물경제는 작은 일부를 구성하는 요소일 뿐'이라고 여겨진다.

실물경제가 잘 돌아갈 수 있도록 윤활유로서 역할을 해내야 할 금융이 언제부턴가 실물경제를 밑에 두고 부리는 존재가 되어버렸다. 거기에는 수요와 공급의 충돌이라는 경제의 대전제를 넘어서는 가치관이 떡하니 자리 잡고 있다. 바로 '통화의 양이 가장 중요하다'라는 가치관이다. 돈만 충분히 공급하면 실물경제에 있어서 수요와 공급을 만들어낼 수 있다. 이것이 바로 통화주의가 주장하는 바다.

최근 세계 경제는 이 통화주의 이론을 바탕으로 움직이고 있다. 따라서 경기를 부양시키든 경제성장률을 높이기 위해서든 '더 많은 통화를 공급해야 한다'라는 방향으로 정책을 발동시키는 것이다. 그러한 정책은 계속해서 금융 완화를 확대해가는 정책이며 이미 제어 불가능한 상태에 와 있다. 마치 중독된 것처럼 선진국의 경제는 더 많은 자금 공급을 요구하고 있다.

하지만 앞서 말했듯 통화주의 정책은 세계 경제의 성장과 발전에 거의 기여하지 못했다. 물론 전 세계에 이토록 대량의 자금을 계속해서 공급하고 있으니 자금 추가투입의 효과 정도는 인정할 수 있다. 어쨌든 세계 경제의 건전한 확대와 발전에 공헌해왔는가에 대해서는 의문이 생긴다.

한편 각국의 채무만은 크게 늘고 있다. 지난 30년 동안 일본 경제는 침체의 늪을 빠져나오지 못하고 있다. 그러는 동안 국가채무는 1159조 엔을 넘겼다. 참으로 아이러니하게도 그 대부분이 개인의 예금과 저금 이다. 일본은행 총계에 따르면 560조 엔이나 순증했다.

선진국 경제를 살펴봐도 부(富)는 일부 고소득층에 편중되어 있으며 대다수는 저소득화의 길을 걷고 있다. 디지털 혁명이 진행된 결과라고 말하는 사람도 있지만, 원인은 그것만이 아니다. 전 세계, 특히 선진국 의 경제 그 자체가 약해져 왔다. 활기를 띠는 금융 시장과는 달리 실물 경제는 여기저기서 정체와 침체에 괴로워하는 목소리가 들려오고 있 다. 사회적 불만이 높아졌고 포퓰리스트 등의 대두도 눈에 띈다.

이것이 통화주의가 목표로 한 경제의 모습일까? 아니면 결국 통화주 의의 한계가 드러나고 있는 것일까?

한 가지 확실한 점이 있다. 대량의 자금 공급으로 경제가 가까스로 굴 러가고 있는 가운데 금융 버블이 팽창을 거듭하고 있다. 그리고 그 버블 은 그리 머지않은 미래에 붕괴한다는 점이다.

금융 시장에서 버블은 부풀어 오르고 있다

자금만 대량으로 공급하면 경제는 발전하고 성장한다는 이론으로 세 계는 여기까지 왔다. 하지만 기대했던 만큼 세계 경제의 확대와 발전은 보이지 않는다.

　대량으로 공급된 자금은 좀처럼 경제 현장에 스며들지 못하고 그 역할을 제대로 해내지 못하고 오히려 남아돌게 되면서, 갈 곳을 잃은 자금은 어떤 방향으로든 돌출하려 한다. 결국에는 금융 시장을 향한다.

　세계 채권 시장은 최근 20년 동안 계속해서 천정권에 달해있는 상태다. 1983년 이후로는 장기금리가 하락하고 있고 그것이 콘크리트 층이 되어 세계 채권 시장을 지지해왔다. 금융의 시대라고 불리는 요즘, 그것을 상징하는 것이 세계 채권 시장의 대활약이다. 전 세계 자금을 흡수하는 포용력을 지닌 만큼 각국의 금융기관과 기관투자자는 자금 운용의 주축으로서 채권 투자를 중시하고 있다.

　전 세계적인 제로금리 정책과 대량의 자금 공급을 틈타, 기업의 채권 발행 등에 따른 자금 조달 규모는 높은 수준을 기록하고 있다. 엄청난 금액의 자금 조달이 이어지고 있지만 아무 문제 없이 소화되고 있다.

　세계적인 유동성 과잉으로 금융기관이나 연금 등 기관투자자가 운용 대상 찾기에 혈안이 되어 있다. 그래서 저등급 부실채권이든 무엇이든 발행만 되면 그 자리에서 즉시 팔리는 형편이다. 상황이 이렇다 보니 마이너스 금리 국채에 17조 달러가 넘는 자금이 모였다. 만기 상환까지 보유해도 절대로 플러스가 되지 않는 국채 투자에 1800조 엔이나 되는 자금이 몰린 것이다. 그야말로 채권 버블이다.

주식 시장에서의 과잉유동성 버블 매수는 더욱 심각하다. 미국 나스닥 시장이나 S&P500 평균지수의 급상승세가 그 전형적인 모습을 보여주고 있다. 코로나19와 상관없이 연신 사상 최고치를 갈아치우고 있다. 그것도 일부 신흥 기업과 시류를 타고 급성장한 기업에 집중 매수가 몰리면서 잇따라 최고치를 경신했다. 주가가 오르니까 매수하고, 매수하니까 주가가 더 오르고, 주가가 계속 오르니까 더 많이 매수하는 전형적인 버블 장세다.

그러나 어마어마한 버블 매수가 이어지고 있는데도 시장은 이상할 정도로 차분한 모습이다. 전 세계 투자자를 비롯하여 시장 참가자 대부분이 현재의 유동성 과잉이 한동안 계속되리라 예상하기 때문이다.

세계 경제가 코로나19 불황에 허덕이고 있는 만큼 각국의 재정 지출 확대는 지속될 기세다. 제롬 파월 미 연방준비제도(Fed) 의장은 2023년까지 금리를 인상하지 않겠다는 분명한 뜻을 밝혔다. 세계의 중앙은행이라고도 불리는 미국 연방준비제도가 2023년까지 금리 상승을 하지 않겠다고 단언한 것이다. 결국은 금리 상승의 기미가 보이면 언제든지 연방준비제도가 나서서 국채 등 금융 자산을 매입하여 더 많은 자금을 공급하겠다는 이야기다.

이것은 투자자에게 있어서 천군만마를 얻은 것과 같다. 얼마든지 강하게 나갈 수 있다. 장기금리 상승 기미를 억제하고 자금을 얼마든지 공급하겠다고 미 연방준비제도가 확약해주고 있기 때문이다.

이전부터 주식 시장에는 중앙은행과 싸우지 말라는 교훈이 있다. 엄청난 자금을 가지고 있는 중앙은행의 정책에 거스르는 투자는 결국 성공하지 못한다는 말이다.

그렇다면 버블 주가 상승은 계속 이어질까? 앞으로 2년 정도는 어떠한 불안 요소도 없이 추가 매수의 투자 자세를 이어갈 수 있을까? 아마도 그렇게 되지는 않을 것이다. 현행 버블 장세는 그리 머지않은 미래에 무너져 내릴 것이다.

버블이 붕괴될 때

이전부터 'OO 쇼크'는 주가 폭락의 방아쇠라고 여겨졌다. 1971년 8월 닉슨 쇼크, 1973년 10월 제1차 오일 쇼크, 1978년 말부터 1979년에 걸친 제2차 오일 쇼크, 2008년 9월 리먼 쇼크가 그렇다.

하지만 착각해서는 안 된다. 폭락은 'OO 쇼크'를 계기로 일어나지 않았다. 이미 그 시점에 주가는 크게 치솟아 버블화되어 있었다. 마치 잘 익은 감이 나뭇가지에 가까스로 매달려 있는 것처럼 주가 전반은 언제 떨어져도 이상하지 않은 상황이었다. 그런 상황에서 마침 방아쇠를 당긴 것처럼 보였기 때문에 'OO 쇼크'로서 역사에 이름을 남기게 된 것이다. 말하자면 그 전에 충분히 버블은 커져 있었고 잘 익은 감이 나무에서 뚝 떨어지기 직전과 같은 상태였기 때문에 주가가 폭락한 것이다.

모든 주가 폭락은 폭락 전에 주가가 크게 치솟아 올랐다. 그만큼 시장이 대폭락하면 큰 소란이 일어났다. 시세가 그 정도로 올라가지 않았다면 조금 떨어졌다는 정도로 인식하고 말았을 것이다.

제1장에서 이야기한 것처럼 최근 주가는 미국 IT 관련주를 중심으로 엄청난 기세로 오르고 있다. 주가가 계속 상승할 것이라는 높은 기대감과는 별개로, 이미 엄청나게 높은 가격까지 올라 있는 것도 사실이다. 문제는 그것을 잘 익은 감 상태로 볼 것인가다.

이러한 버블 매수 열기에 휩쓸려 많은 투자자가 마구잡이로 주식을 사들였고, 고점을 갈아치우면서 매수 포지션이 가득 찼다. 이러한 상황에서 과연 잘 익은 감이 언제까지 버틸 수 있을지는 아무도 모른다. 이럴 때 바람이 조금 불기라도 하면 상황은 명확해진다. 잘 익은 감 하나가 툭 떨어진다. 그것이 신호탄이 되어 다른 잘 익은 감이 잇따라 툭툭 떨어지기 시작하고 눈 깜짝할 사이에 감나무는 앙상해진다. 그것이 주가 폭락이다.

그렇다면 이런 심리는 어떻게 볼 수 있을까? 모든 버블 혹은 투기 장세에서도 그렇지만 고점에 가까워질수록 투자자나 시장 관계자 사이에서 고점 경계심 같은 것이 싹트기 시작한다. 이것은 인간이 가진 특유의 균형감각이 자연스럽게 발동하기 때문이다.

마음속에 고점 경계심이 싹트기 시작했지만, 시장은 여전히 매수 기세가 활활 타오르고 있다. 지금 사도 조금 더 오를 것 같은 분위기에 결국 휩쓸리고 만다. 그렇게 매수를 이어간다. 그러는 사이 무언가를 계기로 시세가 급락한다. 이때 마음속에 잠들어 있던 고점 경계심이 '역시 예상대로다'라며 고개를 든다. 그리고 시장 전체는 한순간에 매도하는 분위기로 전환된다.

모두가 일제히 매도 물량을 쏟아내면 그 직전까지의 상승세는 곧바로 곤두박질친다. 지금껏 모든 투자자가 닥치는 대로 매수해왔던 만큼 이들이 썰물처럼 빠져나가면서 무시무시한 하락장이 된다.

이렇게 버블 장세는 무너진다. 버블이 부풀어 오를수록 언제 떨어져도 이상하지 않은, 잘 익은 감의 기색이 짙어진다. 그리고 언젠가 폭락의 시기를 맞이한다.

계기는 무엇인가?

현재도 세계적으로 엄청난 금융 버블이 만들어지고 있다. 채권 시장은 계속 천정권에 달해있는 상태고 주식 시장도 일부 고성장 기업에 집중적으로 매수가 몰리면서 버블 현상을 보이고 있다.

그렇다면, 금융 버블은 언제까지 계속될까? 무너진다면 과연 언제쯤일까? 그 계기는 무엇일까? 솔직히 말해서 예측할 수 없다. 이미 잘 익은 감 상태에 있는 것은 분명하지만 이 책을 집필하고 있는 현재까지도 과열 분위기는 딱히 눈에 띄지 않고 있다. 이상하리만치 몹시 고요하다.

2020년 여름 무렵까지 존재했던 버블 열기는 어디론가 사라진 느낌이다. 그렇다고 해서 금융 버블이 터진 것은 아니다. 이 고요함은 미국 대통령선거가 끝나기를 기다리며 주식 시장 등이 분위기를 살피고 있었기 때문인지도 모른다.

이제 미국 대통령선거도 끝난 지 오래다. 버블 열기는 다시 돌아올까? 지금으로서는 그럴 기미가 없다. 다만 이상할 정도로 조용하게 주가 상승이 이어지고 있다.

주가가 계속해서 상승하는 상황에서 매수가 이어지는 이유는 오로지 '세계적인 유동성 과잉' 때문이다. 이는 누가 봐도 명백한 사실이다.

코로나19와 상관없이 세계 경제의 위기나 급격하게 확대되는 각국의 재정적자, 국채 증발 등 악재가 잇따르고 있다. 그런 경제 기초 여건(fundamentals)상 악재를 생각하면 지금은 주식을 사들이기에 좋은 환경이 아니다. 오히려 고점일 때 이익을 확정해두어야 한다. 냉정하게 생각하면 그런 투자 판단을 내려도 이상하지 않다.

그런데 분할 매도 등 제대로 된 투자 판단이 전혀 나오지 않고 있다. 모든 투자자가 매수 포지션을 높인 채 이상하리만치 고요한 버블 고가에 매달려 있다. 이런 상태야말로 버블이다.

어찌 되었든 버블은 버블이다. 무언가를 계기로 잘 익은 감이 나무에서 떨어지듯 채권과 주식 시장에서의 유동성 과잉 버블은 붕괴의 길로 접어들 것이다. 그것은 그리 머지않았다.

폭락과 반등이 휩쓸고 지나간 뒤

과잉유동성 버블 장세는 언제 무너져도 이상하지 않다. 사실 빠르면 빠를수록 좋다.

버블은 언젠가 반드시 터지기 마련이다. 버블이 무너지면 잇따른 매도세에 주가가 폭락하고 시장은 대혼란에 빠진다. 거품처럼 부풀어 올랐던 부(富)는 마치 아무것도 없었던 것처럼 사라져버린다. 그리고 진짜 가치 있는 것은 그때 빛을 발한다. 버블을 형성하고 있던 것이 점점 떨어져 나가고 가치 있는 것만 남는다.

경제나 사회에 있어서 정말 필요한 기업은 버블 붕괴로 주가가 폭락해도 나름의 존재감을 드러낸다. 그와 대조적으로 거품처럼 부풀었던 가치가 모두 걷힌 거품 회사는 흔적도 없이 사라진다. 버블 소동이 잠잠해지면 경제나 사회에 제대로 된 가치관과 안정감이 돌아온다. 그러므로 지금의 과잉유동성 버블 장세가 한시라도 빨리 끝나길 바라고 있다.

다만, 과잉유동성 버블이 붕괴되어도 모든 문제가 해결되지는 않는다. 대부분의 버블 자본이 거품처럼 사라진다고 해서 곧바로 경제나 사회가 안정을 되찾지는 못한다는 말이다. 가령 버블 붕괴로 경기에 대한 불안이 높아지면 각국 정부는 다양한 대책을 마련할 것이다. 중앙은행은 주가 폭락으로 자산효과를 잃게 되는 것을 우려하여 더 많은 자금을 공급하려 할 것이다. 그런 분위기를 타고 폭락했던 주식 시장이 갑자기 반등하기도 한다. 과잉유동성 버블 붕괴로 새파랗게 질려있던 기관투자자들은 반등을 반기며 맹렬한 기세로 매수에 나선다.

과잉유동성 버블 붕괴로 어느 정도 매도가 쏟아져나온 이후다. 거기서 매수에 나서기 때문에 매도가 몰리는 일 없이 주가 전반은 의외로 고점까지 오른다. 이것이 급격한 반등이다.

하지만 한번 버블이 무너지면 원래의 버블 매수 열기는 돌아오지 않는 법이다. 주가 폭락으로 새파랗게 질려있던 투자자 대부분은 반등에 힘입어 주가가 돌아오자 안도의 숨을 내쉬며 매도에 나선다. 그렇게 되면 반등의 상승세가 주춤해지고 어딘가에서 다시 하락하기 시작한다. 커다란 상승세가 한번 내림세로 변하면 반드시 이런 전개가 펼쳐진다.

유일한 예외는 강력한 반등으로 단숨에 원래의 고점을 뛰어넘어 더욱 상승하는 경우다. 반등으로 인한 매도를 모두 쏟아낸 이후에 경신한 새로운 고점이므로 거기에서 더 높이 상승하는 것은 어렵지 않다. 이런 현상은 매우 드물게 나타난다. 하지만 이것도 결국 일시적인 현상으로 끝나고 만다.

반등이 한풀 꺾이고 다시 내림세로 돌아서면 각국의 정부와 중앙은행은 주가를 높이기 위해 금융 완화에 적극적으로 나선다. 거기서 또다시 시장은 반등한다. 이러한 과정이 반복되는 사이에 시장 즉 투자자들은 각국의 정부와 중앙은행의 한계를 느끼기 시작한다. 금융 완화를 거듭해도 시장이 대규모 매도세가 되어버리면 반등조차 나오지 않게 된다. 그리고 과잉유동성 버블 장세는 본격적으로 무너지기 시작한다.

대폭락은 어떤 모습일까?

과잉유동성 버블 장세가 붕괴하면 세계 상황은 급변한다. 주가 상승을 목표로 하는 각 정부와 중앙은행의 금융 완화 및 대규모 자금 공급 정책은 한계를 드러내게 된다.

자금만 대량으로 공급하면 된다는 통화주의 정책의 유일한 성과가 주가 상승에 의한 자산효과였다. 그 자산효과도 일부 부유층에 혜택이 집중될 뿐 국민 대부분은 저소득화에 방치된 상태였다. 미국에서는 많은 정치가가 주가 버블을 만끽하고 있었고 그런 이유로 숨은 트럼프 지지자가 생길 정도였다고 한다.

그런데 이러한 자산효과조차 무너지면 각국의 정부와 중앙은행의 힘 그 자체가 의심받게 된다. 오히려 크게 불어난 정부채무나 중앙은행의 재무에 대한 불안이 높아진다. 그렇게 되면 이런저런 것들이 역회전하기 시작한다. 어떤 순서가 될지는 아무도 모르지만 모든 것이 복잡하게 얽혀있어서 눈 깜짝할 사이에 연쇄반응을 일으킬 것이다.

코로나19 불황으로 고삐가 풀린 것처럼 재정 지출을 이어가고 있다. 계속해서 불어나는 정부채무에 대해 각국은 어떻게 자금을 조달할 것인가? 모든 국가가 국채의 대량 발행을 피할 수 없는 상황에서, 그 매입을 중앙은행에 떠넘기는 국채의 화폐화는 더욱 본격화될 것인가? 국채의 대량 발행에 따른 발행금리나 시장에서의 장기금리를 언제까지 제로에 가까운 상태로 억누를 수 있을까? 중앙은행이 금융 자산을 매입하여 대량으로 자금을 공급함으로써 채권 시장의 가격 하락을 버텨내고 있지만, 이러한 정책이 언제까지 계속될 수 있을까? 국채를 비롯하여 적극적인 금융 자산 매입으로 재무를 비정상적으로 부풀린 미국 연방준비제도와 각국의 중앙은행은 신용을 유지할 수 있을까?

과잉유동성 버블 붕괴로 많은 기업과 금융기관은 거액의 평가손과 부실 채권을 떠안게 될 것이다. 물론 주택저당증권(MBS) 등도 큰 손실을 볼 것이다. 그것이 각국의 중앙은행에 대한 신용 불안으로 이어지지는 않을까?

미 연방준비제도는 매달 800억 달러를 들여 국채를 매입하고 있다. 게다가 주택저당증권을 매달 400억 달러 수준으로 매입한다. 한편 일본은행은 이미 ETF를 34조 엔어치나 사들였다. 과잉유동성 버블 장세가 붕괴하면 거액의 평가손을 떠안게 되는데, 과연 일본은행의 신용은 무사할까?

이처럼 끝없이 의문점이 생긴다. 모든 것이 순식간에 연쇄적으로 확산되고, 세계 경제 현장에서 광범위하게 신용 불안이 높아질 것이다. 그것이 바로 금융 버블의 대붕괴다.

실물경제가 빛을 발한다

금융 버블이 붕괴하면 일본을 비롯하여 세계 경제는 대혼란에 빠지게 될 것이다. 하지만 당황하지 않아도 된다.

엄청난 사태가 벌어졌었다고 요란을 떠는 것은 과잉유동성 금융 버블에 들떠있던 사람들이다. 주가 폭락이나 채권 시세의 붕괴는 일반인에게도 어느 정도 영향은 미치겠지만 그렇게 크지는 않을 것이다.

미국은 국민들의 투자의식이 높은 편이다. 채권이나 주식 시장의 하락으로 개인소비에 어느 정도 마이너스 영향이 있을 수는 있다. 그리고 메뚜기 투자자들은 갑자기 자취를 감출 것이다. 다행인지 불행인지 일본 국민은 예금, 적금이 중심이므로 금융 버블 붕괴의 영향은 한정적일 것이다. 그렇지만 전혀 영향이 없는 것은 아니다.

문제가 되는 것은 '인플레이션의 도래'다. 장래 불안 등으로 예금, 적금에 의존하던 사람들이 자산가치 하락에 휩쓸리게 된다. 연금생활자도 인플레이션에는 타격을 입는다. 그러한 혼란은 각오해야 한다. 하지만 그 속에서 실물경제는 큰 영향을 받지 않고 계속해서 굴러가고 있는 것을 사람들은 재차 확인하게 될 것이다.

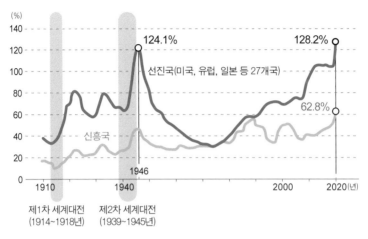

[그림 5-3] 각국의 공적채무는 사상 최대 수준으로 불어날 전망이다

주: 국내총생산(GDP) 대비 비율 / 출처: 국제통화기금

　과잉유동성 버블이 붕괴해도, 그로 인해 거품 회사와 금융기관이 평가 손이나 부실채권을 떠안아 위기에 빠진다고 해도 사람들의 일상은 계속 된다. 사람들의 생활을 뒷받침하는 기업 비즈니스도 멈추는 일은 없다.

　경제라는 것은 사람들의 생활과 기업 비즈니스가 매우 밀접하게 엮여 이루어진다. 금융 버블이 붕괴되더라도 일본인 1억 2500만 명분의 생 활은 사라지지 않는다. 국제연합 인구 추계에 따르면 세계적으로 78억 명에 가까운 지구상 인구가 매일 20만 명씩 증가하여 2050년에는 97억 명에 달할 것으로 추정하고 있다. 사람들의 생활과 그것을 지지하는 기 업 비즈니스는 세계에 무슨 일이 일어나도 계속된다. 코로나19 확산 방지 대책으로 인해 요식업과 여행업이 타격을 입고 재택근무가 정착해도 사람들의 생활 그 자체는 사라지지 않는다.

거기에 새로운 산업이나 서비스는 지속적으로 생겨난다. 금융의 시대라고 불러왔지만, 실물경제가 경제 그 자체라는 것을 재확인하게 된다. 거기에서부터 새로운 금융 서비스와 투자 활동이 조성될 것이다. 그런 이유로 금융 버블의 대붕괴는 빠르면 빠를수록 좋다. 따라서 지금이야말로 실물경제에 초점을 맞춘 장기투자로 옮겨갈 때다.

- 제 6 장 -

인플레이션은
이미 시작되었다

Financial Bubble Crisis

인플레이션, 정말 올까?

하지만 아직 확실한 인플레이션의 기미는 보이지 않는다. 오히려 코로나19로 인해 경제 활동이 증발하면서 세계 경제는 마이너스 성장에 내몰렸고 디플레이션 우려조차 나오고 있는 실정이다. 때문에 오래전부터 "곧 인플레이션이 시작된다"라고 주장해온 필자는 마치 양치기 소년이라도 된 기분이다.

그렇지만 다시 한번 말하겠다. 인플레이션은 반드시 온다. 아니, 인플레이션은 이미 시작되었다.

전 세계 특히 선진국들은 엄청나게 많은 자금을 풀고 있다. 대량으로 공급된 것은 가치가 떨어지고 가격도 내려가기 마련이다. 그것이 경제의 대원칙이다. 따라서 돈의 가치는 틀림없이 떨어진다. 아직은 현금에서 다른 자산으로 이동이 발생하거나 무언가 다른 가격이 상승하지는 않았다. 물가 역시 오르지 않았다. 단지 그로 인해 인플레이션에 대한 우려가 커지지 않고 있을 뿐이다.

일본은 지난 30년 동안 디플레이션 현상이 이어졌다. 일본 경제의 재정난과 장기 침체로 물가가 오르기는커녕 오히려 내려가는 경향을 보이고 있다. 그렇게 현금 가치는 높은 추이를 보였고 연금생활자를 비롯한 고령자층은 디플레이션 경제를 만끽해왔다. 초저금리 정책으로 예·적금 이자는 연간 0.1%나 0.01%로 말도 안 될 정도로 낮았지만, 개인의 금융 자산인 예·적금액은 지난 30년 동안 500조 엔 이상 불어났다.

이런 상태가 30년이나 이어지다 보면 인플레이션에 대한 경계가 높아질 여지가 없다. 앞으로 오를 물가에 대비하여 미리 사두려는 반동 소비 같은 것도 전혀 나오지 않는다. 그것은 디플레이션 현상이 장기화되는 악순환을 불러왔다. 그래도 세계는 일본처럼 디플레이션 현상은 보이지 않는다. 중국 등 신흥국의 고성장은 말할 것도 없이, 미국이나 EU처럼 경제적으로 성숙한 국가들조차 최근 20년 동안 경제 규모가 두 배 이상 커졌다.

그러한 성장세에도 불구하고 선진국 모두 인플레이션 목표치인 2%를 좀처럼 달성하지 못하고 있다. 인플레이션의 '인'자도 보이지 않는 것이 현재 상황이다. 오히려 저조한 원유 가격이나 자원 가격이 하락하는 등 디플레이션 기미조차 보인다. 그것을 상징적으로 보여주는 것이 금 시세다. 금값은 2020년 6월 중반부터 급상승하더니 8월에 들어서 사상 최초로 트로이온스당 2000달러대를 기록했다. 하지만 이후 1800달러대로 떨어졌다.

조금이라도 인플레이션 조짐이 보였다면 금값을 시작으로 백금 등 귀금속 가격이 이렇게 낮게 움직이지는 않을 것이다. 그만큼 세계적으로 인플레이션에 대한 우려가 전혀 느껴지지 않는다.

세계는 인플레이션 씨앗을 계속해서 뿌리고 있다

인플레이션에 대한 우려가 전혀 나오지 않는 가운데 선진국을 중심으로 대규모 자금 공급이 계속되고 있다. 거기에 코로나19가 발생하면서 각국은 고삐가 풀린 것처럼 전대미문의 대규모 재정 지출을 이어가고 있다.

지금 세계 경제는 코로나19로 마이너스 성장에 빠져 있다. 이렇게 대량으로 자금을 뿌려대도 인플레이션은커녕 디플레이션 우려마저 나오고 있는 것이 현실이다. 유일한 예외는 세계 금융 시장이 계속해서 상승세에 있다는 점이다. 세계 채권 시장과 주식 시장은 과잉유동성 버블로 들끓고 있다. 이러한 현상이 이어지고 있으니 인플레이션은 마치 다른 세상 이야기처럼 들릴지도 모른다. 그럼에도 불구하고 인플레이션은 반드시 온다. 필자는 그렇게 단언한다.

우리 같은 장기투자자는 현상이 계속 이어질 것이라고 보는 고정적인 사고방식을 멀리한다. 가령 "코로나19로 인해 세계 경제가 침체 기미를 보이므로 인플레이션은 오지 않을 것이다"라고 예측하는 사고방식이 그렇다.

우리는 항상 미래에 일어날 수 있는 일, 그리고 그 가능성을 연구한다. 인플레이션이 머지않았음을 보여주는 재료는 이미 차고 넘치도록 많이 나와있다.

우선 각국의 중앙은행이 끝도 없이 금융 자산을 매입하여 자금을 대량으로 공급하고 있다는 점이다. 앞서 말했듯 일본은행이나 유럽 중앙은행(ECB) 그리고 미국 연방준비제도(Fed)의 재무는 급격하게 확대되었다(각국 중앙은행들의 자산과 부채가 모두 커졌다고 이해하면 된다. - 감수자). 중앙은행의 총자산은 각 국가의 GDP 대비 10%~20% 규모가 일반적이다. 그런데 2020년 여름 시점에 일본은행은 GDP 대비 126%, ECB는 50%, Fed는 30%까지 재무가 불어났다.

중앙은행의 재무가 심각하게 비대해진 것이다. 이는 그만큼 대량으로 돈을 찍어내고 있다는 말이 된다. 그렇게 시중에 돈이 대량 공급되면서 각국의 통화가치가 점점 떨어지고 있다. 일본은행의 경우 금융기관에서 국채를 매입한 대금은 일본은행 당좌예금이라는 부채 계정에 쌓인다. 그 계정이 점차 불어나고 있는데, 이것은 돈을 대량으로 찍어내고 있는 상태나 마찬가지라고 볼 수 있다.

이처럼 아직 뚜렷하게 나타나고 있지는 않지만 인플레이션은 이미 시작되었다. 인플레이션이라고 하면 폭등하는 물가를 떠올리곤 하지만 그것은 인플레이션이 발생한 이후 마지막 2~3년 즈음에 나타나는 현상에 불과하다.

이외에도 인플레이션이 곧 도래할 것으로 예측되는 근거는 아직 많이 남아있다.

국채의 대량 발행에 내몰린 선진국

지금 세계 금융 시장을 달구고 있는 채권이나 주식 등의 버블 장세는 언제 붕괴해도 이상하지 않다. 아무리 세계적으로 과잉유동성이 계속되고 있어도 버블은 반드시 무너진다. 그것이 역사적 교훈이다. 그리고 이번 버블이 무너지면 금융 시장뿐 아니라 세계 경제 여기저기서 폭락과 같은 대혼란에 휩싸일 것이다. 그것은 제5장에서 이야기한 대로다. 심각한 상황이 예상되지만 어떻게 봐도 피할 수 있을 것 같지는 않다. 그 정도로 이미 조건은 갖추어져 있다.

무엇보다도 선진국들이 재정 지출을 확대하고 있는 것이 문제다. 지금은 코로나19라는 긴급 상황에 놓인 만큼 모든 국가가 재정적자 확대를 어쩔 수 없는 조치라고 여긴다. 물론 코로나19 불황을 극복할 때까지 재정적자 확대는 불가피하다. 하지만 그 자금을 어떻게 마련할 것인가는 다른 문제다.

　세계 각국은 전대미문의 규모와 속도로 재정 지출을 이어가고 있다. 그 자금을 과연 어떻게 감당해낼 것인지 앞으로 더욱 고민이 깊어질 전망이다. 하지만 아무리 재정적자를 확대한다고 해도 세계 경제가 이토록 악화되어 있는 상황에서는 대폭 증세에 나설 수도 없는 노릇이다. 오히려 코로나19 불황에 따른 세수감소로 국가 재정을 꾸려가기가 더욱 힘들어졌다. 그것이 선진국들의 현 상황이다. 결국에는 각국이 국채를 증발하여 부족한 재원을 보충할 수밖에 없다. 모든 국가가 고삐 풀린 듯 재정 지출을 확대하고 있고 상당한 금액의 국채를 신규 발행하게 될 것이다.

　그런데 과연 이것이 가능한 일일까? 2020년 10월 15일자 니혼게이자이신문에 따르면 세계 각국의 정부 채무 총합이 세계 경제의 GDP에 필적할 만큼 불어났다고 한다. 엄청난 규모의 채무 총계다. 일부 신흥국이나 개발도상국에서는 채무 위기에 대한 우려가 커지고 있다. 코로나19 불황이 길어지면 채무 위기 문제가 점점 심각해지고 세계 경제가 크게 흔들릴지도 모른다. 그런 사태를 타개하기 위해서는 선진국이 자국의 재정 건전화에 힘쓰는 한편 세계 각국에 대한 지원에 나설 수밖에 없다. 그를 위해 거액의 국채 발행을 실현하지 않으면 안 된다.

　그렇다면 코로나19 대책 및 거액의 국채 발행을 강행한다고 했을 때 과연 누가 그것을 떠맡을 것인가? 현재 세계적인 과잉유동성으로 기업이 발행하는 채권 등이 날개 돋친 듯 팔려나가는 상황이긴 하지만, 각국이 채권 발행으로 조달하려는 금액은 그 규모가 다르다. 어쩌면 세계 금융 시장에서 소화해내지 못할 수도 있다.

국채 발행금리를 높일 것인가?

그럼에도 불구하고 금융 시장에서 국채를 발행한다고 가정해보자. 어떻게 해야 거액의 국채를 성공적으로 발행하고 재정적자를 메울 만큼 자금을 조달할 수 있을까?

무엇이 되었든 거액의 국채 발행을 강행하려면 신규 발행 국채의 발행금리 즉 쿠폰금리를 높여서 투자 매력을 높일 수밖에 없다. 그것이 시장뿐만 아니라 경제의 대원칙이다. 국채 발행금리를 높이지 않으면 거액의 국채를 금융 시장에서 소화해내지 못한다. 하물며 현재 제로에 가까운 장기채 이율 수준으로는 어림도 없다. 어느 정도 금리를 높이지 않으면 누구도 신규 발행 국채를 사려 하지 않을 것이다.

사실상 국채는 코로나19 불황이 끝날 때까지 계속해서 대량으로 발행될 것이다. 그렇게 되면 국채 발행금리는 어쩔 수 없이 매번 조금씩 높아진다. 문제는 여기에서 시작된다. 조금이라도 금리가 상승할 기미가 보이면 세계 채권 시장은 순식간에 무너진다. 조금씩 발행금리를 높여가겠다는 느긋한 이야기는 통용되지 않는다.

예를 들면 이렇다. 신규 발행하는 국채의 팔림세를 끌어올리기 위해 발행금리를 높인다고 하자. 그것은 현재 국채 등 채권을 대량으로 보유하고 있는 투자자에게 매력적인 투자 대상이 된다. 즉 지금 보유하고 있는 저금리 국채를 팔고 더 높은 이율의 신규 국채로 갈아타고자 하는 투자 행동을 유도하게 된다. 그런 움직임은 순식간에 채권 시장 전반으로 퍼진다. 채권 시세는 이율 계산으로 움직이므로 이율이 더 높은 채권으로 갈아타려는 투자 행동은 연쇄반응을 일으킨다. 그 결과 채권 가격이 줄줄이 하락하고 금리가 급등한다.

채권 가격과 금리는 항상 반비례한다. 채권 매도가 쏟아지면서 가격이 하락하면 채권 이율은 반비례하여 상승한다. 일단 이러한 연쇄작용이 시작되면 채권 보유자는 재빨리 가지고 있던 저금리 채권을 팔고 더 높은 이율의 채권으로 갈아타기 시작한다. 갈아타기 위해 쏟아져나온 채권 매도는 채권 이율을 상승시키고 채권 이율의 상승은 다음 채권 매도를 부추긴다. 그런 악순환이 채권 시장에서 확산되어 가는 것이다. 한번 이런 움직임이 시작되면 멈출 도리가 없다. 보유한 채권을 파는 것은 투자자의 자유이기 때문이다. 더 많은 수익을 내는 쪽으로 자금이 향하는 것은 당연한 이치다.

이 같은 채권 매도에 의한 채권 이율 상승을 시장금리 상승 혹은 장기금리 상승이라고 한다. 즉 시장에서 거래금리가 상승하는 것이며 아무리 정부 당국이 저금리 정책을 유지하려고 해도 통하지 않는다.

장기금리가 상승세로 바뀌면 채권 시장은 무너진다. 앞서 말했듯 투자자들 사이에서 지금 보유하고 있는 저금리 채권을 팔고 더 높은 이율의 채권으로 갈아타려는 움직임이 일제히 분출한다. 그렇게 되면 더는 막을 방법이 없다.

한번 채권 시장이 무너지면 장기금리가 높아지고, 높은 장기금리는 더 많은 채권 매도를 부른다. 그것은 또다시 장기금리를 끌어올리면서 이러한 악순환은 점점 가속화된다. 그리고 채권 시장은 수직으로 추락한다.

40년 만에 찾아온 채권 투자 지옥

세계적으로 장기금리는 1983년 이후 계속해서 낮아졌다. 그 말인즉 지난 37년 동안 세계 채권 시장은 한결같이 상승세를 보여왔다는 뜻이다. 다시 말해 전 세계 채권 운용자 대부분이 37년 넘게 이어진 상승 시세밖에는 본 적이 없다는 말이 된다. 1970년대에서 80년대 전반에 걸친 채권 시장의 폭락을 대부분 경험해보지 못했다. 마침 이 기간에 세계적으로 연금 운용이 급속도로 확대되었고, 거액의 연금자금이 엄청난 규모로 채권을 매수하면서 세계 채권 시장을 끌어올렸다. 그것이 1983년부터 시작된 장기금리 저하 경향을 촉진시킨 최대 요인이라고 할 수 있다.

1960년대 후반부터 70년대 전반에 걸쳐 선진국을 중심으로 연금제도가 정비되었다. 그와 함께 연금 적립금이 빠르게 증가했고 연금자금은 세계 채권 시장과 주식 시장에서 초대형 매수 주체로 급부상했다. 점점 쌓여가는 연금자금이 채권이나 주식을 닥치는 대로 사들이는 것이다. 연금자금에 의한 엄청난 매수로 채권과 주식 가격이 상승에 상승을 거듭했고, 이는 그대로 채권 유통금리를 저하시켰다. 장기금리가 급격하게 오르지 않도록 강력하게 막아내고 있었던 것이다.

주가도 마찬가지다. 미국 주식 시장을 대표하는 다우존스30 산업평균지수는 엄청난 상승세를 보이고 있다. 1982년 8월부터 2000년 초까지 17년 반 만에 무려 15배가 되었다. 재미있는 사실은 미국 경제가 두 번의 오일 쇼크 후유증으로 침체기를 이어가던 1992년 8월까지 약 10년 동안 다우 지수는 5.5배가 되었다는 점이다. 불황으로 금리가 저하된 영향도 있겠지만, 연금자금에 의한 꾸준한 매수 증가가 주가 상승에 크게 기여한 것이다.

이런 이유로 세계 채권 시장과 주식 시장은 1983년 무렵부터 지금까지 상승세를 이어가고 있다. 그것이 채권 투자는 안전하다는 인식을 심어주었고, 주식 투자에서는 인덱스 운용의 성황을 불러일으켰다. 1980년대에 들어서부터 세계 운용 비즈니스는 거대한 산업으로 성장했다. 그 핵심 역할을 한 것이 계속해서 증가하는 연금자금이다.

연금에 의한 채권 매수는 그리 오래가지 않을 것이다. 연금제도가 정비된 나라는 주로 선진국이며 고령화 현상이 빠르게 진행되고 있는 만큼 최근에는 매년 연금 적립액보다 지급액이 커지고 있다.

연금의 현금화(cash out)는 7~8년 전부터 시작되었고 일본은 9년 전부터 시작되었다. 연금자산은 지금까지 막대한 금액이 쌓여왔기 때문에 아직 순감 상태에 이르지는 않았다. 하지만 운용상 좋은 성적을 거두지 않는 한 언젠가는 연금자산에 의한 채권이나 주식의 매도 우위가 현실 문제가 될 것이다. 아직은 미래의 이야기일 수 있지만, 연금의 매도 우위로 인한 채권 가격 하락도 충분히 가능한 이야기다.

어쨌든 세계 채권 시장은 37년 동안 상승세를 이어왔다. 그리고 언제부턴가 채권 투자는 안전하다는 인식이 정착되어버렸다. 하지만 사실은 그렇지 않다. 채권 투자는 안전하기는커녕 한번 채권 시세가 무너지면 격렬하게 추락한다. 그런 아수라장을 전 세계 채권 투자자 대부분이 경험해보지 못했다. 채권 시장의 날개 없는 추락에 직면하면 패닉 상태에 빠질 것이다.

장기금리가 급격하게 상승하고 세계 채권 시장이 붕괴하면 각국의 국채 발행에 의한 재정적자 메우기는 불가능해진다. 동시에 선진국들은 현행의 제로금리 정책을 포기해야 하는 상황에 놓인다. 그렇게 되면 각국의 재정 운영은 어떻게 될까?

장기금리 상승이 시작되면 재정 운영은 속수무책

채권 시장이 무너지고 장기금리가 상승하면 채무국의 재정 운영은 도탄에 빠지게 된다. 새롭게 발행한 국채 금리는 높아지고, 그만큼 재정 운영 부담이 커진다.

현 제로금리 정책이 이어지는 동안에는 신규 발행 국채의 발행금리는 사실상 없는 것이나 마찬가지다. 금리 비용을 의식하지 않고 신규 국채를 발행할 수 있다는 말이다. 그런데 장기금리가 상승세로 바뀌면 신규 발행 국채의 금리 비용 부담이 늘어난다. 그뿐만이 아니다. 만기 상환을 앞둔 국채 차환분도 발행금리 상승에 따른 여파를 그대로 받는다.

사실 만기 국채의 차환분은 의외로 액수가 크다. 2020년 5월 일본 재무성의 발표에 따르면 2020년도 신규 국채의 당초 예산 32조 5500억 엔이 2차 추가경정예산 이후 90조 1500억 엔으로 증가했으며, 차환채는 그대로 107조 9800억 엔의 예산이 배정되었다. 국채 발행에 198조 1300억 엔이 쓰인 셈이다. 지금은 금리가 제로에 가까운 수준이므로 금리 부담이 거의 없다. 하지만 만약 금리가 2% 오르면 연간 금리 비용은 3조 9600억 엔이 된다. 거액의 재무 부담으로 작용하는 것이다. 따라서 장기금리 상승이 시작됨과 동시에 채무국의 금리 부담은 신규 발행분과 차환분을 합치면 눈 깜짝할 사이에 눈덩이처럼 불어난다. 재정 당국으로서는 그런 사태를 무슨 일이 있어도 피해야 한다.

어떻게 보면 일본은행이 무작정 국채를 사들이고 있는 것도 정책 당국의 강한 의지를 헤아린 끝에 취한 행동이라고 할 수 있다. 장기금리 상승은 어떻게든 회피하고 싶다는 강력한 의지 말이다.

방법은 채권의 화폐화뿐인가?

그렇다면 무슨 수를 써서라도 제로금리 정책을 유지할 것인가? 그를 위해서 대량으로 증발한 국채를 중앙은행에 떠맡길 것인가? 그것은 모든 국가에서 법률상 금지된 국채의 화폐화에 손을 대는 것을 의미한다.

일본은행은 오래전부터 민간 금융기관이 떠맡은 국채를 매수하는 형태로 사실상 국채의 화폐화를 단행해왔다. 미 연방준비제도의 파월 의장도 2020년 여름부터 국채의 화폐화를 언급하기 시작했다. 각국은 급격히 늘어난 재정적자를 메우기 위해 채권의 화폐화도 어쩔 수 없다는 방향으로 기울고 있다. 그런 흐름은 걷잡을 수 없이 폭주하여 전 세계로 번져나갈 것이다.

어째서일까? 애초에 국채를 발행한다는 것은 국가에 빚이 생긴다는 뜻이다. 그 빚은 발행된 국채가 만기 상환을 맞을 때까지 지급되는 금리와 상환 원금의 합계다. 그렇다면 빚을 갚기 위한 자금은 어디에서 조달할까? 주로 세수입으로 마련한다. 장래 세수입을 믿고 국가는 국채 발행이라는 빚을 지는 것이다.

그러한 국채를 민간 금융기관이 운용 대상으로서 기꺼이 반기며 매입하는 동안에는 아무런 문제가 발생하지 않는다. 민간 금융기관이 국채의 만기 상환은 당연하며 국가의 재정 운영 상황도 안심할 수 있다고 계산한 후에 자금 운용의 일환으로서 국채를 매입하기 때문이다. 물론 그 계산 속에는 국채를 보유하고 있는 동안 얻을 수 있는 이자 수입도 고려되어 있다. 그것이 국채 투자의 이율 계산이며 앞서 이야기했듯 시장금리 상승에 대해서 민감한 반응을 보이는 이유다. 따라서 장기금리가 급등하고 국채를 시작으로 채권 가격이 일직선으로 하락하기 시작하면 상황은 급변한다. 민간 금융기관은 국채 매입은커녕 손실회복을 위해 매도를 서두르게 된다.

앞으로 더 많은 금액의 국채를 대량으로 발행할 수밖에 없는 상황에 놓인 각국은 이러한 사태를 당연히 피하고 싶다. 국채 시세 급락 즉 장기금리 상승을 초래하지 않고 대량의 국채 발행으로 재정적자의 구멍을 메우고 싶은 것이다.

어떻게 하면 좋을까? 최후의 방법으로 중앙은행에 신규 국채 발행을 떠맡길 수밖에 없다. 즉 국채의 화폐화라는 길로 접어들게 되는 것이다. 일단 한번 국채의 화폐화 방향으로 노선을 틀어버리면 결국 무시무시한 악순환이 시작된다.

하이퍼 인플레이션으로의 직행

세계 각국이 재정적자를 메우기 위해 국채를 증발한다. 그를 위해 중앙은행을 동원하여 국채의 화폐화에 나서는 것은 무척 위험한 일이다.

민간 금융기관이 국채 발행을 떠맡을 때는 운용 대상으로서의 수지타산을 따진다. 경제적으로 적합한지에 대한 계산이 중요해지는 것이다. 그러나 중앙은행은 경제적인 계산보다 정치적 판단을 우선한다. 지금으로 치면 코로나19 불황에 허덕이는 경제적 약자나 중소사업자의 구제를 무엇보다 우선하는 정치 판단과 같은 것이다. 현재 각국 정부는 전대미문의 규모와 속도로 재정 지출을 확대하고 있지 않은가.

경제적 수지타산은 뒷전인 채 국채를 대량 발행하고, 그것을 중앙은행이 떠맡으면 결국 통제 불능 상태에 빠진다. 경제적 계산 없이 독주하는 정치 판단, 그리고 여론에 떠밀려 중앙은행은 끝도 없는 국채의 증발을 떠맡게 되는 것이다. 그것은 중앙은행에 지폐 발행을 남발하게 하여 재무를 급팽창시키는 원인이 된다. 통제되지 않는 폭주 상태에서 말이다. 일본은 이미 그런 악순환에 빠져 있다.

통화의 파수꾼인 중앙은행이 걷잡을 수 없이 많은 지폐를 찍어내면 돈의 가치는 점점 떨어진다. 역사상 몇 번이나 되풀이되어온 하이퍼 인플레이션의 귀환이다.

하이퍼 인플레이션이 발생하기 전에 어딘가에서 인플레이션의 불꽃은 점화될 것이다. 오랜 기간 지폐를 마구 찍어낸 탓에 돈의 가치가 떨어지고 있기 때문이다.

지금은 인플레이션의 그림자도 보이지 않는다. 하지만 어느 날 갑자기 인플레이션의 불꽃이 번지고 있다며 세상 사람들은 동요하기 시작한다. 인플레이션의 조짐 정도로 간과했던 것이 진짜라고 판명 나는 순간 세계 채권 시장은 하락세로 돌아선다. 그것은 채권의 유통금리 즉 장기 금리 상승으로 이어지고 시장 매매 전반에서 금리 상승을 초래한다.

지폐를 마구 찍어대는 통에 돈의 가치가 떨어지고 있다는 사실은 모두가 체감하고 있었다. 그것이 인플레이션이라는 형태로 표면에 드러난 것이다. 돈을 받아야 하는 쪽은 가치의 하락분만큼 금리를 높여 달라고 요구한다.

채권 시장에서도 금리 상승을 재촉하게 되면서 저금리 채권 매도가 이어진다. 이것을 시장금리의 상승 즉 장기금리 상승이라고 말한다. 인플레이션의 불꽃이 번지면서 시장에서 거래금리가 상승하고 채권 가격이 하락세로 바뀌면 국채의 화폐화를 거들어온 각 중앙은행은 거액의 평가손으로 인해 재무가 급속도로 악화된다. 그것은 하이퍼 인플레이션에 기름을 붓게 된다.

하이퍼 인플레이션이 오면 세계 금융 시장, 그리고 각국의 경제는 수습이 되지 않는 대혼란 상태에 빠질 것이다. 그것이 세계적인 금융 버블 붕괴에 최후의 일격을 가하게 된다. 과연 어떤 대혼란이 시작될까?

미 달러를 시작으로 통화가치 하락 가속화

선진각국의 중앙은행이 자금을 대량으로 공급하고 재무를 비대화시키고 있다. 그만큼 지폐를 대량으로 찍어내는 셈이니 돈의 가치는 당연히 떨어진다.

앞서 말했듯 금융 버블이 붕괴하고 채권 시장이 무너지기 시작하면 차마 눈 뜨고 볼 수 없는 사태가 벌어진다. 각 중앙은행은 마구잡이로 사들인 거액의 국채 및 금융 자산 평가손을 계상하는 상황에 내몰린다.

중앙은행이 거액의 평가손을 떠안게 된다는 것은 그만큼 통화 발권은행으로서 신용이 약해지는 것을 의미한다. 즉 돈의 가치를 크게 떨어뜨리는 셈이다. 이때 경리 기준을 취득원가로 평가하는 회계로 바꾸면 어떨까? 국채 등 보유 채권 가격이 아무리 크게 하락해도 시가로 평가하지 않으므로 중앙은행의 재무 악화는 표면화되지 않을지도 모른다. 과연 그럴까? 하지만 그런 속임수는 통용되지 않는다. 통화의 파수꾼인 중앙은행은 종잇조각이 된 채권을 잔뜩 쥐고 있다. 그 사실만으로 이미 통화가치는 곤두박질친다.

일본은행은 더욱 비참한 상황이다. 이미 국채 총발행액의 절반 이상 즉 57%나 사들인 상태다. ETF 보유액도 34조 엔이나 된다. 그 가격이 모조리 하락하는 것이다. 특히 ETF 투자는 무조건 시가평가가 적용되므로 금융 버블 붕괴로 인해 큰 폭으로 가격이 하락한 주식 자산을 대량 보유하고 있다는 사실이 온 세상에 드러난다. 그것은 곧바로 엔화 신용도를 실추시킨다.

중앙은행의 재무 비대화와 거액의 평가손이 표면화되면 통화가치 하락은 불 보듯 뻔하다. 돈의 가치가 떨어지면 현금을 무언가 다른 자산으로 바꿔두려는 움직임이 높아진다. 이윽고 현금에서 물건으로의 자산 이동, 다시 말해 본격적인 인플레이션이 모습을 드러내게 된다. 그리고 미 달러를 시작으로 선진국 통화가 줄줄이 하락하는, 과거에 볼 수 없었던 새로운 현상이 나타날 것이다.

선진국은 코로나19 불황으로 전대미문의 규모와 속도로 재정을 투입하고, 그 자금을 마련하기 위해 어쩔 수 없이 거액의 국채를 발행해왔다. 결과적으로 국채의 화폐화, 장기금리 상승, 인플레이션, 거기에 통화가치 하락까지 어떤 일이 일어나도 이상하지 않은 상황이 되고 말았다.

어느 국가나 상황은 비슷하다. 미 달러화를 시작으로 유로화나 엔화 가치가 하락하면서 세계 외환 시장은 커다란 변화를 맞게 될 것이다. 달러, 유로, 엔 등 선진국 통화의 매도가 쏟아지면 신흥국 통화 가치는 높아진다.

그러면 중국 위안화나 러시아 루블화가 비싸질까? 혹은 다른 신흥국 통화를 사들일까? 만약 선진국의 통화가치가 하락하면 거액의 달러 채무를 안고 있는 국가는 달러가 하락한 만큼 부담이 경감된다. 반면 신흥국은 자국 통화 강세로 수출이 크게 침체되고 그것이 통화 약세를 불러일으킬 수 있다. 그렇게 되면 전 세계의 통화는 줄줄이 하락세가 되고 인플레이션의 불꽃은 더욱 활활 타오르게 될 것이다.

세계 경제는
대혼란에 빠진다

Financial Bubble Crisis

"과거에는 이랬는데"가 통용되지 않는다

세계 경제의 다양한 방면에서 더 이상 "과거에는 이랬는데…"가 통용되지 않는다. 이것은 그저 낡은 가치관이 사라져가는 현상일 뿐일까?

최근 미디어 등에서 뉴 패러다임이라는 표현을 써가며 새로운 시대의 도래를 과도할 정도로 주목하고 있다. 어쩌면 그런 시프트가 진행되고 있는지도 모른다. 과연 세상이 극적으로 변하는 것일까?

디지털화가 급격히 진행됨에 따라 기존 가치관으로는 대응하기가 어려워졌다고 주장하는 사람도 있다. 정말 그럴까? 디지털 사회가 되면 세상의 가치관이 송두리째 바뀌는 것일까?

제7장에서는 이러한 부분에 초점을 맞추고자 한다. 까다로운 부분은 제외하고 일반인으로서 수긍이 가는 범위에서 생각해보자.

경제라는 것은 사람들의 일상생활과 그것을 뒷받침하는 기업활동에 의해 이루어진다. 디지털 사회가 되어도 사람들이 먹고 마시고 생활하는 일상은 사라지지 않는다. 게다가 지구의 인구는 매일 20만 명씩 늘어나고 있으며 2050년에는 97억 명이 될 전망이다. 이렇게 늘고 있는 인구가 먹거나 마시거나 하는 수요는 디지털 사회가 되었든 뭐가 되었든 확대된다. 계속해서 늘어나는 수요에 대응하기 위해 기업의 생산공급 활동도 점점 증강되어야 한다. 엄청난 비즈니스 기회이며 그런 흐름을 무시한 기업 경영은 생각할 수 없다.

이처럼 경제의 기본 바탕을 이루는 부분은 크게 변하지 않는다. 경제의 표층부에서 새로운 변화가 진행되고 있어도 전 세계 사람들의 생활에 침투되기까지는 어느 정도 시간이 필요하다. 따라서 뉴 패러다임을 좇아 들썩거리는 행동은 생각해봐야 할 일이다. 그보다는 일반 상식선에서 생각하여 행동하는 것이 바람직하다.

제7장에서는 이른바 세상의 상식이라는 관점에서 "과거에는 이랬는데…"가 어떻게 통용되지 않게 되었는지를 살펴보려고 한다.

인플레이션이 발생해도 이상하지 않은 상황이지만

먼저 인플레이션의 가능성에 대해서다. 거듭 말하지만 선진국을 중심으로 엄청난 규모와 속도로 시중에 돈을 풀고 있다.

일반적으로 생각했을 때 계속해서 대량으로 돈을 풀고 있는 만큼 돈의 가치가 상당히 떨어질 것으로 예상된다. 그런데도 사람들은 현금 보유에 어떠한 불안도 느끼지 않고 있다. 가치가 있다고 여겨지는 무언가 다른 자산으로 현금을 옮기려고도 하지 않는다. 오히려 치솟아 오르는 주가를 좇는 머니게임에 푹 빠져 있다. 개인투자자나 기관투자자는 주가 상승에 의한 평가익 즉 '얼마나 돈이 불어나 있는가'를 보고 기뻐한다. 돈의 가치가 떨어지고 있는데도 보유한 주식의 평가액이 늘어났다고 기뻐하는 것이다.

일반적으로 돈의 가치가 떨어지면 현금을 금 같은 귀금속으로 전환해 두려고 한다. 이처럼 자산가치를 보전하기 위한 움직임이 생겨나는 것은 당연한 일이다. 그렇게 하지 않으면 자산을 지켜낼 수가 없다. 그런데 전 세계 사람들은 변함없이 현금예금을 손에 쥐고 안심하고 있다. 시중에 대량으로 자금이 풀리고 있는데 돈의 가치가 저하되는 현실을 인정하지 않고 그저 태평하게 지내고 있다.

이는 경제의 대원칙을 완전히 무시한 처사다. 대량으로 공급되는 것은 가치가 떨어지고 가격이 내려간다. 이러한 대원칙을 무시한 채 사람들은 현금을 소중히 쥐고 있는 것이다.

예로부터 경제 활동은 수요와 공급의 균형으로 성립되어왔다. 그랬던 것이 전혀 다른 가치체계로 움직이는 세상이 되어버린 것일까? 다른 가치체계란 대체 어떤 것일까?

새로운 가치체계를 캐묻기 전에, 인간사회에 있어서는 일반적으로 생각하고 침착하게 행동하는 것이 제일이다. 일반적으로 생각했을 때 지금은 아직 인플레이션의 기미가 보이지 않기 때문에 사람들은 현금을 쥔 채 느긋하게 여유를 부리고 있는 것이다. 게다가 현재 코로나19 불황으로 디플레이션 우려조차 들려오는 가운데 사람들은 코앞에 닥친 불황을 이겨내느라 급급한 상황이다. 좀처럼 인플레이션 경계감이 높아질 낌새는 보이지 않는다. 그렇지만 무언가를 계기로 물가가 오르기 시작하면 상황은 돌변한다. 가치가 떨어지고 있는 현금을 다른 자산으로 전환하려는 움직임이 분출한다. 인플레이션은 항상 그렇게 시작된다.

다시 한번 말하지만, 이렇게나 대량으로 자금이 공급되고 있다. 점차 돈의 가치가 떨어질 것이 분명하다. 즉 세계 경제는 인플레이션을 향해 질주하고 있다. 인플레이션의 마그마는 가득 차 있으며 언젠가 폭발하고 말 것이다. 그렇게 되면 악성 인플레이션, 나아가 하이퍼 인플레이션이 올지도 모른다.

자금의 대량 공급을 주장하는 통화주의

자금만 대량으로 공급하면 경제는 성장한다고 주장하는 통화주의는 그 한계를 드러내 왔다. 그런데도 세계 각국의 정책 당국은 통화주의 정책에 더 깊이 빠져들고 있다. 이대로 밀고 나가서, 얼마나 더 채산성을 얻을 수 있다는 것일까? 어떤 예측을 근거로 한 것일까?

현실은 이렇다. 대량으로 자금을 공급했지만 세계 경제, 특히 선진국 경제는 성장력을 높이지 못했다. 게다가 체감경기를 상승시키려면 각 항목의 성장률을 끌어올려야 하는데, 그를 위해 인플레이션 목표치를 2%로 삼아 왔지만 물가 상승률이 2%에 도달한 적은 단 한 번도 없었다. 오히려 제한 없는 금융 완화와 대량의 자금 공급이 세계 금융 시장을 천문학적인 규모로 팽창시켰다. 채권 시장은 각국 정부나 기업에 의한 대규모 채권 발행을 거뜬히 소화해냈고, 시세는 천정권에 도달해있다.

그뿐만 아니라 마이너스 금리 국채에 17조 달러나 되는 자금이 몰리는 이상 현상조차 발생하고 있다. 만기 상환까지 보유해도 절대로 플러스가 되지 않는 국채 투자에 전 세계 금융기관과 기관투자자의 돈이 몰리고 있다. 도대체 어떻게 운용 책임을 질 셈인가?

세계 주식 시장도 과잉유동성 버블로 들끓고 있다. 특히 GAFAM이나 테슬라 같은 고성장기업에 쏠리는 집중 매수는 무시무시할 정도다.

역사를 돌아보자. 1960년대 후반부터 70년대 초에 걸쳐 미국 주식 시장에서 니프티 피프티(Nifty Fifty)의 주가가 급등했다. 현재 GAFAM에 대한 열광은 그야말로 니프티 피프티 장세의 재현이다. 니프티 피프티는 "새로운 시대가 도래했다. 시대를 앞서가는 50개의 신흥 기업이야말로 미래의 주역"이라며 집중 조명을 받았고, 그 흐름을 타고 50개 기업의 주식은 천문학적인 가격에 팔려나갔다.

하지만 그 열광은 오래가지 않았다. 이후 거품이 빠지면서 버블 투기에 나섰던 투자자들에게 비참한 결과를 남겼다. 니프티 피프티로 미국 주식 시장은 크게 달아올랐지만, 그 열광은 결국 대폭락으로 끝나고 말았다. 당시 새로운 시대를 상징하는 성장주로서 큰 인기를 끌었던 50개 기업 가운데 현존하는 곳은 22곳뿐이다. (그림7-1)

지금 세상을 떠들썩하게 하는 GAFAM이나 테슬라를 포함한 신흥 기업 가운데 과연 몇 군데가 10년 후, 20년 후에도 살아남을지 참으로 흥미로운 부분이다.

어찌 되었든 통화주의 정책으로 인해 금융 시장이 버블 활황을 보이고는 있지만, 경제나 사회에는 부정적인 영향을 미치고 있다. 어떤 영향일까?

통화주의 정책의 유일한 성과는 채권 및 주식 상승에 의한 자산효과를 꼽는다. 하지만 그것은 결국 고소득층의 호주머니만 불려줄 뿐이다. 미 연방준비제도(Fed)가 2020년 발표한 통계에 의하면 소득 상위 1% 가구가 미국의 주식·투자신탁 자산의 52%를 보유하고 있다. 이 비율은 과거 30년 동안 최고 수준이다. (그림7-2)

[그림 7-1] 니프티 피프티 가운데 살아남은 기업

○ 지금도 존속   △ 타 기업과 합병   × 파산 혹은 매수

1	American Express	○	26	J.C. Penny	×
2	American Home Products	×	27	Johnson & Johnson	○
3	American Hospital Supply Corporation	×	28	S.S.Kresge	×
4	AMP Inc.	×	29	Louisiana Land & Exploration	×
5	Avon Products	×	30	Eli Lilly and Company	○
6	Baxter International	○	31	Lubrizol	×
7	Black & Decker	△	32	McDonald's	○
8	Burroughs Corporation	△	33	MGIC Investment Corporation	×
9	Bristol-Myers	△	34	Minnesota Mining and Manufacturing (3M)	○
10	Anheuser-Busch	×	35	Phillip Morris Cos.	○
11	Chesebrough-Ponds	×	36	Merck & Co.	○
12	The Coca-Cola Company	○	37	PepsiCo	○
13	Digital Equipment Corporation	×	38	Pfizer	○
14	The Walt Disney Company	○	39	Procter & Gamble	○
15	Dow Chemical	○	40	Polaroid	×
16	Emery Air Freight	×	41	Revlon	×
17	Eastman Kodak	×	42	Sears, Roebuck and Company	×
18	First National City Bank	○	43	Schering Plough	×
19	General Electric	○	44	Schlumberger	○
20	Gillette	×	45	Joseph Schlitz Brewing Company	×
21	Halliburton	○	46	Squibb	△
22	Heublein Inc.	×	47	Simplicity Pattern	×
23	IBM	○	48	Texas Instruments	○
24	International Flavors and Fragrances	○	49	Upjohn	△
25	International Telephone and Telegraph	×	50	Xerox	○

출처: http://economics-files.pomona.edu/GraySmith/Nifty50/Nifty50.html

[그림 7-2] 소득 상위 1% 가구가 보유한 주식·투자신탁 자산 비율

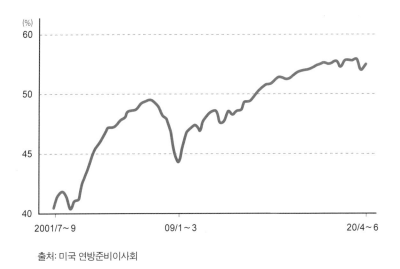

출처: 미국 연방준비이사회

엄청난 부의 편중이다. 반면에 저소득층은 점점 늘어나고 있으며 미국을 상징하던 중산층이 몰락하고 있다. 그야말로 중산층이라는 표현 자체가 사라질 위기에 놓였다.

이렇게 부가 편중되고 사회적 격차가 확대되면 경제나 사회에 불안감이 높아질 수밖에 없다. 그에 따라 미국 등지에서는 사회의 분단과 편집적인 포퓰리즘이 대두되었고 미국 제일주의와 같은 목소리가 높아지고 있다. 경제를 성장시켜야 할 통화주의가 빈부 격차를 확대시키는 것은 물론 사회불안마저 키우고 있는 것이다. 세계 경제에 있어서는 무척이나 위험한 전개가 아닐 수 없다.

헬리콥터 머니와 현대화폐이론

헬리콥터 머니와 현대화폐이론(Modern Monetary Theory)은 발표 당시만 해도 누구도 귀담아듣지 않았지만, 점차 설득력을 갖기 시작했다.

헬리콥터를 타고 상공에 올라 지폐를 뿌리면 그 돈을 주운 사람들이 소비할 것이고, 그렇게 개인소비를 끌어올리면 경제 활동은 활발해지고 경기도 좋아질 것이라는 게 헬리콥터 머니의 논리다.

지폐를 뿌릴 때 그 대상을 저소득층에 한정할 것인지, 사회 전체를 대상으로 할 것인지는 헬리콥터 머니를 주장하는 사람에 따라 다르다. 기존의 기초생활보장 급여 등과는 별개로 새롭게 생겨난 경제 활성화 안이다.

상식적으로 생각했을 때 헬리콥터 머니에는 몇 가지 의문점이 생긴다. 지폐를 뿌리면 된다고 말하지만, 뿌려댈 지폐는 대체 어디서 조달할 것인가? 그 점에 있어서 헬리콥터 머니를 주장하는 사람은 정말이지 속 편한 소리를 하고 있다. 그들의 논법은 이런 식이다.

돈을 뿌려대면 그것이 소비로 연결되고 경기가 좋아진다. 경기가 좋아지면 세수가 늘어난다. 따라서 헬리콥터 머니 자금은 얼마든지 재생산되며 얼마든지 지폐를 뿌릴 수 있다는 이야기다.

정말 말처럼 쉬운 일일까? 먼저, 헬리콥터에서 뿌린 지폐가 소비로 이어지지 않으면 아무런 의미가 없다. 예·적금으로 쌓아두기만 하면 경제는 움직이지 않는다. 그야말로 일본의 잃어버린 30년을 재현하게 된다.

만약 헬리콥터 머니가 효과를 발휘하고 그 순환이 정착된다면 사회는 어떻게 될까? 누구도 일하려 하지 않을 것이다. 하루하루 놀고먹어도 헬리콥터에서 쏟아져 내리는 지폐를 줍기만 하면 된다. 어떻게 생각해도 이해하기 힘든 논리다.

돈을 뿌리면 경제가 성장한다고 주장하는 통화주의 이론은 현재 어떤 효과도 보이지 않고 있다. 그 연장선에 있다고 여겨지는 헬리콥터 머니가 과연 얼마나 경제 활동을 높일 수 있을까?

현대화폐이론도 의심스러운 것은 마찬가지다. 이 새로운 이론은 인플레이션을 일으키지 않는 한 국채 발행 등으로 국가채무를 마구 늘려도 상관없다고 주장한다. 앞서 말했듯 선진국 대부분은 거액의 재정적자를 충당하기 위해 국채 발행에 의존해야 하는 상황에 놓여있다. 그것도 중앙은행에 의한 국채의 화폐화라는, 써서는 안 되는 방법을 본격화시키는 방향으로 말이다.

이는 악성 인플레이션으로 향하는 지름길이다. 재정을 한없이 늘리고 그 구멍을 중앙은행이 지폐를 증쇄하여 메운다. 이런 악순환은 빠른 속도로 통화가치를 저하시키고 결국 악성 인플레이션을 일으키고 만다. 그것이 역사가 주는 교훈이다.

현대화폐이론은 인플레이션만 일으키지 않는다면 국가는 얼마든지 빚을 늘릴 수 있고, 아무런 문제도 되지 않는다고 주장한다. 하지만 여기에는 이론적인 모순이 있다. 인플레이션을 일으키지 않는다는 것은 디플레이션 상황이 이어지거나 경제 활동이 침체된 상태로 유지되는 것을 의미한다. 경기가 전혀 나아지지 않는다는 뜻이다. 그렇다면, 대체 무엇을 위한 국가채무인가?

현대화폐이론에서는 무제한에 가까운 국채 발행에 대해 시장금리 즉 장기금리가 상승하지 않는다고 상정하고 있다. 장기금리가 상승하지 않는다는 전제는 세계적인 금융 완화가 이대로 지속되어 각국의 중앙은행이 자금을 마구 공급해야 성립된다. 그렇게 되면 과잉유동성으로 운용처를 찾아 헤매던 금융기관과 기관투자자가 앞다퉈 신규 국채를 사들일 테고, 따라서 국채는 얼마든지 발행할 수 있다는 각본이다.

그들의 논리는 시장을 완전히 무시하고 있다. 물론 각국이 국채를 증발하지 않으면 안 되는 이유는 경기 부양을 위해서다. 재정 악화나 국가채무 증가도 코로나19로 인해 경제 활동이 침체되고 세수입이 큰 폭으로 줄어들었기 때문이다.

그렇다고 해서 거래금리 즉 장기금리가 낮은 상태로 시장이 언제까지나 고분고분하게 신규 발행 국채를 소화해낸다는 보증은 없다. 아무리 정책적으로 유동성 과잉을 이어가겠다고 선언해도, 금융기관이나 기관투자자 사이에서는 계속해서 불어나는 국채의 대량 보유에 대한 리스크 의식이 높아질 수밖에 없다. 어딘가에서 과도하게 품고 있던 보유 국채를 내놓으려는 움직임이 시작되는 순간, 현대화폐이론의 주장은 산산조각이 나고 만다. 그것은 제5장에서 말한 대로다.

그렇다고 국채를 증발하여 각 중앙은행에 떠맡기는 국채의 화폐화에 나서야 할까? 그것은 역사가 증명하듯 악성 인플레이션으로 향하는 지름길이다. 장기금리는 곧 치솟아 오른다. 이렇게 생각하다 보면 현대화폐이론이라는 것이 과연 타당한 이론인지에 대한 의문이 생긴다. 지난 40년 동안 금융 완화와 자금의 대량 공급을 계속해왔지만 결국 아무 성과도 내지 못한 통화주의와 별반 다를 것이 없어 보인다.

한 가지 분명한 점이 있다. 헬리콥터 머니나 현대화폐이론은 정치가에게 있어서 매력적인 이론이라는 점이다. 통화주의 이론과 마찬가지로 의회에서 논쟁을 거치지 않고도 쉽게 실행할 수 있는 경제 정책이기 때문이다. 경기가 좋아지고 경제 활동이 활발해지면 세수도 높아지고 국가채무도 줄어든다. 그때까지는 헬리콥터 머니든 현대화폐이론이든 마다하지 않고 적극적으로 활용하겠다는 것이다. 참으로 얄팍한 정책 발상이다.

덮어놓고 금융 완화와 자금을 대량 공급하면 된다고 주장하는 통화주의의 폐해를 이제는 진지하게 생각해볼 때가 되었다. 그렇다면 그 폐해란 무엇인가?

국가채무 증가와 저성장, 대처 방안은?

코로나19 상황에서 세계 각국은 전대미문의 규모와 속도로 재정을 투입하고 있다. 그 결과 각국의 국가채무는 끝도 없이 불어나 사상 최악의 수준을 경신해가고 있다.

지금 이순간에도 세계는 더 많은 재정 지출에 나선다는 방침을 유지하고 있다. 한동안 코로나19 불황이 이어질 것으로 보이는 가운데 각국은 계속해서 늘어나는 국가채무와 재정적자를 어떻게 해소해나갈 것인가? 그 방책을 마련하고 있는가?

지금으로서는 그런 건 뒷전으로 밀려난 듯 보인다. 경제 활동의 증발을 막고 사람들의 생활을 돌려놓는 것이 급선무다. 물론 맞는 말이긴 하다. 하지만 언젠가 반드시 직면하게 되는 것이 국가채무의 변제다. 통크게 선심을 쓰는 것은 좋지만 그 뒤처리는 결국 큰 문제가 된다.

국가의 빚을 줄이거나 재정 적자폭을 축소하기 위해서는 세수입을 늘려 국가의 세입 증가를 꾀하는 방법밖에 없다. 세수가 증가하면 경제성장률도 높아진다. 그러나 지금껏 통화주의 이론이 세계 경제를 주도해왔지만, 각국의 성장률은 전혀 높아지지 않았다. 오히려 여러 차례 반복해온 경기부양책으로 선진각국의 국가채무만 불어나 있다. 이대로는 아무리 시간이 흘러도 경제성장률은 높아지지 않고 세수의 자연증가 역시 기대할 수는 없는 상황이다. 앞으로 어떻게 될 것인가?

물론 디지털 전환(Digital Transformation)이나 온라인 비즈니스 등 새로운 산업 분야가 각국의 성장률을 끌어올릴 가능성에 대해서는 큰 기대가 모이고 있다. 하지만 과연 얼마나 공헌할 것인가?

가장 큰 문제는 각국에서 소득 격차가 극심해지고 저소득층이 점점 늘고 있다는 점이다. 그것은 개인소비 증가를 억제하고 성장률 둔화로 이어진다.

어느 국가든 개인소비는 국내총생산(GDP)의 60~70%를 차지하며 그 증가가 각국의 경기나 성장률을 높이는 데 크게 기여한다. 따라서 숫자상으로 압도적 다수를 차지하는 중저소득층의 소비를 끌어올리는 것이 각국의 성장률을 높이는 데 필수 조건이 된다.

하지만 현실은 어떤가? 극히 일부의 고소득층에 부가 집중되고 있다. 부유층이 아무리 돈을 써봐야 고가품 소비가 늘어날 뿐이다. 그것은 경제 활동 전체에서 볼 때 극히 일부에 지나지 않는다. 대중소비재의 판매량이 늘지 않으면 광범위한 경제 활동 활성화로 이어지지 않는다. 일반 대중에 의한 양적 소비를 증가시키기 위해서는 국민 전반, 특히 중저소득층의 소비능력과 의욕을 높이는 것이 중요하다.

그런 의미에서 아베 전 정권에서 시작된 기업에 대한 임금 인상 요청은 적절한 정책이었다고 평가된다. 그렇지만 사실상 모든 기업이 국가의 임금 인상 요청에 응할 수는 없다. 일본 경제의 저성장으로 기업의 임금 인상 여력이 좀처럼 나아지지 않기 때문일까? 물론 그런 이유도 있다. 하지만 더 크고 근본적인 문제가 가로막고 있다. 일본뿐만 아니라 선진각국의 급여 수준이 높아지지 않는 이유는 따로 있다.

주주 자본주의의 폐해

상장기업의 자기자본비율이나 ROE(자기자본이익율) 수치를 들여다보면 일본 기업의 재무는 꽤 건전화되었다. 최근 세계적으로 주주 압력이 높아짐에 따라 일본 기업 역시 계속해서 재무 강화를 압박당해온 성과라고 할 수 있다.

재무 건전화는 이루어졌지만, 일본 경제 활동 전반 그리고 사회적 공헌도는 크게 떨어졌다. 어째서일까?

본래 기업의 사회적 존재 이유는 경제는 물론 사회에 다양한 부를 창출해내는 것이다. 그런데 최근에는 기업 경영에 있어서 주주 이익의 최대화만을 요구받는다. 그것이 무조건적인 수익성 강화와 단기 이익의 추구로 집약된다.

노벨 경제학상을 수상한 밀턴 프리드먼 등의 자유주의 시장경제학자가 말하는 '기업의 주인은 주주'라는 주장이 지나친 결과다. 주주 이익을 위해서라면 무엇을 해도 상관없다. "주가를 올리고 배당을 늘려라". 이렇게 끊임없이 기업에 이익 추구를 압박한다. 주주 이익을 추구하면 기업 경영이 한쪽으로 편향되고 경제 전반이나 사회에 있어서 커다란 마이너스가 된다.

편향된 기업 경영이란 무엇인가?

기업이 사회에 만들어내는 부를 부가가치라고 한다. 주주 이익에 직결하는 순이익이라는 것은 부가가치의 작은 일부에 지나지 않는다. 기업은 다방면에 걸쳐서 많은 부를 만들어내야 한다.

부가가치 안에는 인건비, 감가상각비, 연구개발비, 임대료, 지급이자, 조세공과금 등이 들어간다. 이것은 기업에 있어서 비용 항목이지만 경제나 사회에 있어서는 중요한 부의 창출이 된다. 이러한 부가가치에서의 비용 항목을 빼고 남은 것이 순이익이다. 따라서 기업이 얼마나 사회에 공헌하고 있는지, 그 존재 이유를 나타내는 지표가 부가가치 총액이라고 할 수 있다. 부가가치 총액을 매년 착실히 증대해나가는 기업이야말로 사회적으로 훌륭한 기업이라고 할 수 있다.

그런데 주주 이익을 최대화한다는 것은 부가가치에서의 비용 항목을 최소한으로 삭감한 경영을 추구한다는 뜻이다. 다시 말해 인건비나 설비투자 등을 최소한으로 억누르고 이익만을 늘리라며 경영진을 압박하는 것이다.

기업의 부가가치 가운데 최대 항목은 인건비다. 따라서 인건비를 삭감하면 얼마든지 이익을 창출할 수 있다. 하지만 기업 경영에 있어서 인건비를 삭감하면 할수록 경제 전반에서는 개인소비를 압축시키는 꼴이 된다. 그것은 돌고 돌아서 경제 활동을 축소시키고 그 기업의 장래 매출에도 마이너스 요인이 된다. 완전한 악순환이다. 그것을 강요해온 것이 단기 이익을 추구하는 주주 압력이고, 이러한 배후에는 은행이나 연금 등 기관투자자가 있다.

대규모 금융 완화와 자금 공급으로 세계의 금융기관과 기관투자자는 거액의 운용자금을 떠안고 있다. 거액의 운용자금을 배경으로 대주주로서 기업에 주주 이익의 극대화를 요구하는 구도가 굳혀진 것은 최근 20년 사이의 일이다.

거대한 주주 압력에 의해 기업은 어떻게든 이익을 창출하기 위해 인건비를 축소한다. 파견사원 등 비정규직 채용을 늘리거나 신흥국의 저임금 노동력을 활용하기도 한다. 기업 수익 최대화의 흐름이 거세지면 경제 전반에서의 노동분배율은 반드시 저하된다. 즉 국가 전체로 보면 노동자, 그러니까 직장인 전반의 저소득화가 진행되는 것이다.

이것은 일본만의 문제가 아니다. 미국에서도 단기 이익을 지향하는 주주 압력에 의해 기업을 희생시키는 사례가 수두룩하다. 금융 시장 버블화에 의한 자산효과가 부유층을 점점 부유하게 만드는 한편, 기업의 주주 이익 최대화는 일반 국민의 저소득화를 심화시키고 있다. 그것이 선진국에서 개인소비가 늘지 않는 주요 요인 가운데 하나다.

다른 각도에서 봐도 그렇다. 주주 최우선주의에 따라 기업이 단기 이익의 최대화를 추구하고 장래에 대한 투자를 게을리하면 그 기업에 있어서 미래 성장발전 가능성을 스스로 깎아 먹는 셈이 된다. 사업가 정신은 어디론가 사라지고 재무관리 주체의 평범한 기업으로 전락하는 것이다.

경제 전체에도 커다란 마이너스가 된다. 어느 기업이나 장래 성장을 위한 씨앗을 뿌려야 하는데, 그 가능성의 싹을 잘라서라도 눈앞의 이익을 내려고 기를 쓰고 있으니 말이다. 이렇게 가다가는 경제의 확대재생산을 기업이 리드하는 도식이 점점 쇠퇴하고 만다. 그런데도 금융기관이나 기관투자자의 운용담당자는 전혀 개의치 않는다. 그들은 눈앞에 보이는 성적을 끌어올리는 것이 전부이기 때문이다. 기업에서 이익을 있는 대로 뽑아내고 나중은 어떻게 되든지 상관하지 않는다.

기업이 설비나 연구개발 투자를 줄이는 것은 장래 성장의 씨앗을 짓밟는 행위이며, 그 기업은 경쟁력이 떨어질 수밖에 없다. 결국은 국민경제적으로 커다란 마이너스가 된다.

이런 편향된 기업 경영과 주주 압력의 관계가 버젓이 통용되면 경제는 점점 약해진다. 개인소비가 늘지 않고 기업이 장래를 위한 투자에 주력하지 못하면 경제성장률은 둔화될 수밖에 없다.

일본의 잃어버린 30년

일본 경제는 저임금화와 개인소비가 늘지 않는 악순환에 갇힌 채 30

년이 흘렀다. 그 결과가 잃어버린 30년이다.

발단은 1990년대에 일어난 버블 붕괴다. 토지와 주식 가격이 폭락하면서 자산 디플레이션이 발생하자 많은 기업과 은행이 거액의 평가손과 부실채권을 떠안게 되었다. 그 영향으로 기업과 은행이 연쇄 도산 위기에 처했고 일본 경제는 흔들렸다. 대량 실업이 발생하는 등 큰 혼란이 일자 일본 정부는 버블에 동조했던 기업과 은행을 구제하는 정책에 나섰다.

본래 기업과 은행이 떠안은 평가손이나 부실채권에 대해서는 경영책임을 물어야 하고, 그것으로도 해결이 안 되면 기업 청산에 들어가면 될 일이다. 버블에 동조했던 기업과 은행에 자기책임을 묻는 것은 당연한 일이다. 그것이 자유경쟁 경제다. 그 과정에서 생겨난 실업은 아무리 대량으로 발생했다고 해도 시간이 지나면 저력 있는 기업으로 흡수되어 간다. 지극히 자연스럽게 노동력이 이전되는 것이다. 그런데 너무 커서 무너뜨릴 수 없다는 소위 '대마불사' 논리를 꺼내든 순간, 국가나 사회는 큰 비용을 떠안게 된다.

일본 정부는 버블에 동조하던 기업과 은행이 무너지지 않도록 초저금리와 대량의 자금 공급 정책을 펼쳐서 자산 디플레이션을 해소하고자 했다. 동시에 1992년 9월 경제 종합대책을 시작으로 총 500조 엔이 넘는 경기 대책 예산을 투입했다. 이러한 일련의 정책은 오로지 기업과 은행을 무너뜨리지 않는 것이 그 목적이었다. 자산 디플레이션 해소와 부실채권 처리를 우선하는 반면, 새로운 산업을 부흥시켜 경제를 활성화시키거나 국민 소득을 증가시키는 것은 등한시해왔다.

그 결과는 어땠을까? 기업과 은행의 연쇄 도산은 막을 수 있었을지 모르지만, 본래 도태되었어야 할 기업이나 은행 대다수가 살아남게 되었다. 이른바 기업의 '좀비화'다. 좀비화란 제로 금리와 대량의 자금 공급에 의존함으로써 자립·자조의 의지와 의욕이 결여된 기업이나 금융기관의 대량생산을 말한다. 그러한 좀비기업 대부분은 세금에 의존할 뿐 진취적인 정신이 결여되어 있고 부가가치를 창출하는 능력도 약하다.

좀비기업은 급여지급 여력이 좀처럼 높아지지 않고 장래를 위한 적극적인 투자 의욕도 낮다. 물론 수익성이 낮으므로 세금 지급도 한정적이다. 이런 상태로는 당연히 개인소비도 높아지지 않고 경제 성장도 둔화한다. 일본 경제의 빈곤과 장기 침체, 그리고 디플레이션 현상이 이어진 것은 바로 이러한 배경이 있었기 때문이다.

선진국의 경제성장률이 저조한 이유

세계도 금융 규제를 완화하고 자금을 대량으로 공급하면 된다는 통화주의 이론을 지나칠 정도로 맹신해왔다. 그러면서 '기업의 주인은 주주'라는 주주 자본주의를 내세워 단기 이익을 추구하도록 기업 경영을 부추겼다. 하지만 선진국의 경제성장률은 전혀 높아지지 않았다.

이것은 당연하다. 앞서 말했듯 주주 압력으로 기업에서 이익을 최대한 뽑아가려면 인건비를 철저하게 깎아야 한다. 그래도 부족하면 해외의 저렴한 인건비에 손을 뻗어야 한다. 주주 압력은 경제의 세계화라는 명목 아래 기업에 더 많은 이익을 요구하며 해외투자를 재촉한다. 그렇게 투자와 채용은 신흥국이나 개발도상국으로 이전되고, 선진국의 국내 경제는 점점 힘들어진다. 물론 세계 경제 전반에 있어서 투자나 부의 평준화로 이어지는 흐름은 바람직하지만, 선진국 자국의 경제 성장이나 저소득층을 중심으로 한 일반 국민의 소득 증가에는 커다란 걸림돌이 된다.

선진국들은 금융 시장을 발전시켰지만 국민 대다수를 저소득화의 길로 내몰았다. 개인소비의 파이가 커지기는커녕 축소되어왔다. 경제성장률이 높아지지 않는 것은 당연하다. 미디어에서는 디지털 혁명의 흐름에 올라타지 못한 사람들의 소득이 늘지 않는다고 지적하고 있으나 그것은 하나의 요인에 지나지 않는다. 경제 전체를 보면 국민 전반의 저소득화 문제가 훨씬 더 심각하다.

과잉유동성 주가 상승 등에 의한 자산효과는 극히 소수의 부유층에 부가 집중되기 쉽다. 그 결과 고가품 등의 매출은 늘어나겠지만 국내 전체 소비량은 그다지 늘어나지 않는다. 역시 대다수 국민의 소득이 증가하여 소비가 확대되어야 한다. 그것이 경제성장률을 높이는 길이다.

안타깝게도 현재 일본을 비롯하여 주요 국가는 역방향으로 질주하고 있다. 그래서는 경제성장률이 높아질 리가 없다. 지금부터 하나하나 구체적으로 살펴보도록 하자.

기업 경영을 이완시킨다

기업을 경영하다 보면 사업 확대를 위한 자금 조달로 골머리 썩는 일이 많다. 차입금에 의지하면 그다음은 이자 지급에 쫓긴다. 이러한 고충은 기업 경영자를 단련시킨다. 그런데 제로에 가까운 금리에 얼마든지 자금을 조달할 수 있는 환경이 되면 기업 경영은 편해진다. 단련은커녕 경영이 점점 느슨해진다. 기업 경영이 이완되면 생산성이 높아질 리 없고, 부가가치를 높이려는 의지나 의욕도 생겨나지 않는다. 당연히 임금 인상에도 제동이 걸린다. 정말이지 어찌할 도리가 없다. 그것이 선진국을 중심으로 많은 사람이 저소득화의 길로 내몰리는 가장 큰 이유다.

그뿐만 아니라 어느 정도 리스크를 지고서라도 적극적이고 과감한 경영에 나서려는 사업가의 의욕을 꺾어버린다. 누구라도 경영할 수 있고 적당히 경영해도 충분히 기업이 굴러가기 때문에 결국에는 제대로 된 기업조차 나태해져 버린다. 그것은 이 책에서 계속해서 지적하고 있는 자금만 대량으로 공급하면 된다는 통화주의의 한계이자 폐해다. 그 폐해에 한 꺼풀 덧씌운 것이 일본 및 주요 국가들이 펼친 기업과 은행을 구제하는 정책이었다.

일본은 1990년대 버블 붕괴 이후, 그리고 선진각국은 2008년 9월 리먼 쇼크에 의한 세계 금융 버블 붕괴 이후 기업과 금융기관의 연쇄 도산을 막기 위한 정책에 나섰다. 그렇게 하지 않으면 대량 실업이 발생하고 사회가 대혼란에 빠진다고 판단한 것이다. 그리하여 원래대로라면 적자생존의 대원칙에 의해 도태되었을 기업이 모두 구제되었다. 그뿐만 아니라 제로 금리와 대량의 자금 공급으로 기업을 응석받이로 만들고 말았다.

이러한 정책은 기백이나 자립·자조 정신이 없는 좀비기업을 대량생산할 뿐이다. 기업 응석받이 정책을 일본은 30년 동안이나, 선진각국은 리먼 쇼크 이후 12년 동안이나 지속해왔다. 그러한 사업환경에서는 제대로 된 기업이라도 느슨해지고 만다. 사실 GAFAM으로 대표되는 일부의 진취적 기질이 넘치는 기업이나 벤처기업군을 제외하면, 최근 세계 유명 대기업조차 패기가 부족해 보인다.

SDGs를 제창하기 시작했지만

주주 최우선주의는 기업 경영자들이 단기적 이익을 추구하도록 부추겼고, 그로 인해 경제와 사회에 끼치는 악영향은 점점 심각해졌다. 이대로는 두고 볼 수 없다고 판단한 끝에 국제연합이 중심이 되어 SDGs[*]라는 목표를 제창하게 되었다.

SDGs에 뒤이어 미국의 기업 경영자 그룹도 주주 자본주의를 향해 경종을 울리기 시작했다. 물론 기업의 주인은 주주이고 경영자는 주주에게 고용된 사람일 뿐이지만, 경영자들이 이에 반기를 들기 시작한 것이다.

이 같은 새로운 움직임은 낙관적으로 해석될 수 있다. 하지만 현실은 그렇게 호락호락하지 않다. 기업 경영을 단기 이익 지향으로 내모는 주주 압력은 쉽게 사그라들 리가 없기 때문이다. 무슨 뜻인가 하면, 주주 압력으로 대표되는 것이 행동주의 투자자(activist)나 투자 펀드 같은 '적극적으로 권리를 행사하는 주주'다. 그러나 그 배후에는 연금 등 거대 자금을 운용하는 기관투자자가 있다.

연금은 본래 가입자의 노후 설계 주축으로써 20년 후, 30년 후의 자산 최대화를 목표로 운용해야 한다. 무엇보다 장기투자 운용을 해야 하는 것이 연금자금이다. 그런데 장기투자 운용의 모범이 되어야 할 연금이 최근 40년 사이에 단기 운용의 원석 같은 존재로 탈바꿈했다. 그리고 주주 자본주의의 거대한 배후 세력이 되었다.

연금 같은 거대 자금이 배후에 있으면 기업 경영을 단기 이익 지향으

---

*   Sustainable Development Goals의 약자로 지속가능 개발 목표 또는 지속가능 발전 목표를 뜻하며 2016년부터 2030년까지 시행되는 유엔과 국제사회의 최대 공동목표이다. 빈곤, 질병, 교육, 성평등, 난민, 분쟁 등 인류의 보편적 문제와 기후변화, 에너지, 환경오염 등 지구 환경문제 그리고 기술, 주거, 노사, 고용, 생산 소비, 사회구조, 법, 대내외 경제 등 경제 사회문제를 2030년까지 17가지 주목표와 169개 세부목표로 해결하는 것을 목표로 한다. - 옮긴이

로 내모는 주주 압력은 쉽사리 약해지지 않는다.

연금 운용이 단기 운용의 배후 세력이 되다

1970년대 초까지만 해도 연금자금 운용은 10년 단위가 일반적이었다. 1971년 초 필자가 운용의 세계에 들어섰을 무렵, 연금 운용은 철저한 기업 리서치를 바탕으로 장기투자에 나서는 것이 당연했고 모두 자부심을 느끼고 있었다. 하지만 80년대에 들어서면서 세계의 운용 비즈니스는 갑자기 변질되었다. 선진각국에서 연금 적립이 본격화됨에 따라 연금자산이 급격하게 확대되었고 운용을 따내려는 마케팅 경쟁이 치열해졌다.

현재 세계 최대 운용자금이 된 연금자산은 당시 각 운용회사에 있어서 비즈니스 확장을 위한 절호의 기회였다. 이 기회를 놓칠 수 없었던 운용회사들은 연금자산 획득을 위한 마케팅에 뛰어들었다. 그리고 눈깜짝할 사이에 운용 비즈니스는 운용자금 획득을 위한 마케팅 비즈니스로 변질되었다. 마케팅 비즈니스로의 선로 변경은 80년대에 급격히 늘었고 90년대에 들어서부터 운용 비즈니스는 마케팅 부문이 주역이라는 인식이 정착되었다.

연금자금 획득을 위한 운용 각사의 마케팅 경쟁이 격화됨에 따라 10년 단위의 운용 기간이 너무 길다고 여겨지기에 이르렀다. 어느덧 그 기간은 5년, 3년으로 줄더니 결국에는 1년 단위로 성적을 좇게 되었다. 운용회사는 세계 최대 운용자금으로 도약한 연금자금 획득을 목표로 마케팅에 온 힘을 쏟아부어야 했고, 이를 위해 1년 성적으로 타사를 얼마나 앞지르는가에 혈안이 되었다. 그렇게 80년대 중반부터 연금 운용은 본래 해야 할 장기투자 운용은 덮어두고 1년 성적을 좇는 운용으로 변해 갔다.

필자는 세계 운용 현장에서 대대적인 단기 운용으로의 전환을 지켜봤다. 아무리 장기투자 운용을 고수하려 해도 연금 측이 매년 성장을 요구하기 때문에 그것에 대응하지 않을 수가 없다. 그렇지 않으면 운용자금을 따낼 수 없으므로 어쩔 도리가 없다.

세계 최대 운용자금인 연금이 1년 성적을 좇게 되면 자연스럽게 세계 운용 전반도 1년 성적을 좇는 방향으로 기울게 된다. 그렇게 90년대에 들어서 세계 운용 비즈니스는 1년 성적을 좇는 스타일이 일반화되었다.

역으로 우리 같은 장기투자자는 멸종 위기에 처한 존재가 되었다. 세계 운용자금 대부분이 1년 성적을 좇기 때문에 어쩔 수 없는 일이다. 아무리 장기투자의 장점과 성적을 주장해도 운용을 위탁하는 측이 1년 단위 성적을 고집해서는 비즈니스가 성립되지 않는다. 1년 성적을 좇는 운용을 자금관리(Money Management)라고 하며 자금 운용의 세계를 말한다. 우리 같은 장기 운용은 투자관리(Investment Management) 즉 투자 운용이며 자금 운용과는 결이 다르다.

자금 운용은 주주 자본주의와 궁합이 좋다. 기업에 단기 이익 최대화를 강요하고 배당이나 자사주 매입을 요구하면 연금의 운용 성적 향상으로 직결되기 때문에 주가가 쉽게 상승한다. 그렇게 연금 등의 기관투자자는 표면화된 움직임을 드러내지는 않지만, 행동주의 투자자나 투자 펀드 같은 '적극적으로 권리를 행사하는 주주'에 동조한다.

연금을 중심으로 한 기관투자자 자금이 단기 주가 상승을 지지하는 탓에 행동주의 투자자는 멋대로 날뛰고 기업 경영은 단기 이익 지향으로 내몰리는 것이다.

본말이 전도된 연금 운용

여기에서 생각해둬야 하는 것이 연금 운용의 현재 상황과 본래 모습 사이에 생겨난 갭이다.

1년 성적을 좇는 자금 운용은 행동주의 투자자에 동조하기 쉽다. 그와 동시에 기업을 단기 이익 최대화 경영에 내모는 방향으로 이해관계가 일치한다. 그러면 주가가 올라가고 운용 성적도 향상되기 때문이다.

다시 한번 말하지만, 기업에 대한 단기 이익 최대화 압력은 기업이 만들어내는 부가가치에서의 비용 항목을 축소시키는 방향으로 이어진다. 그 압력은 인건비 삭감뿐만 아니라 채산이 좋지 않은 공장이나 사업 부문 등의 해산으로 이어지며 종업원과 그 가족의 생활을 위협한다. 더불어 그와 관련된 사업자의 일도 앗아간다. 이 모든 것이 경제 활동을 축소시키고 사회에 마이너스 영향을 미친다. 즉 연금을 쌓아가는 사람들의 생활 기반을 뒤흔드는 것이다.

참으로 모순이다. 일반 국민의 장래를 위한 연금 운용이 일반 국민의 일상생활을 무너뜨리려 하고 있다. 투자 운용이란 더 나은 장래를 구축해가는 방향으로 돈을 굴리는 것이고, 돈을 굴리는 과정에서 운용 성적이 뒤따라온다. 계속해서 성적이 쌓이고, 그것을 리턴이라고 부른다.

연금 운용은 본래 장기투자의 대표 격으로, 그 자금은 앞으로의 사회를 구축해가는 든든한 버팀목이 되어야 한다. 그런 연금이 행동주의 투자자와 함께 사람들의 소득을 깎아내리고 기업의 장래를 무시하고 있다. 그야말로 본말이 전도되었다고밖에는 표현할 길이 없다. 그러나 연금 운용 비즈니스는 1년 성적을 좇기 바쁜 자금 운용에 푹 빠져버렸고, 그런 편향된 연금 운용 구조가 선진각국에 정착되어버렸다. 쉽게 시정하기는 어려워 보이지만, 이것이 현실이다.

세계 돈의 흐름이 뒤틀리고 있다

연금 운용이 본말이 전도된 상황을 초래한 것은 앞서 지적한 대로다. 이와 마찬가지로 세계 돈의 흐름을 살펴보면 비정상적인 일이 여기저기서 발견된다. 이상하리만큼 대대적인 금융 완화와 현금 공급으로 금융 시장은 점점 버블화가 심해지고 있다. 버블이 부풀어 오르는 동안은 금융 시장이 대활황이지만 버블 붕괴 이후 곳곳에서 걷잡을 수 없는 혼란이 발생할 것이다.

예를 하나 들자면 은행 등 세계 금융기관의 잉여자금 운용이다. 잉여자금 운용이라고 부를 정도니까 연금 운용이 1년 성적을 따지기 이전의 세계로, 단기 운용이익률을 얼마나 높이는가가 관건이 된다. 세계적인 과잉유동성으로 금융기관의 잉여자금 운용 욕구는 점점 높아지고 있고, 그 욕구는 2000년대에 들어서 증권화 상품 사재기로 이어졌다. 리먼 쇼크 이후에는 또다시 새로운 형태의 금융상품을 사들이고 있다.

어찌 되었든 운용이익률을 원하는 은행 등 금융기관이 무턱대고 금융상품에 달려드는 것은 매우 위험하다. 2000년대에 들어서 세계적인 금융 버블은 리먼 쇼크로 터졌는데, 그것도 투자은행이나 증권회사로부터 제안을 쉽게 받아들인 것이 원인이 되었다.

새로운 금융상품을 개발하는 쪽도 그것에 달려들어 사들이는 쪽도 부풀어 오른 버블 열기에 휩쓸린 것이다. 계산상으로는 잘 굴러갈 것처럼 보이기 때문에 숨겨진 리스크 따위는 고려하지 않고 거래를 진행시킨다. 그러한 버블 매수는 리먼 쇼크로 인해 지옥으로 돌변했다. 금융공학과 통계학을 구사하여 만들어낸, 무려 99.996%의 확률을 보장한다던 금융상품이었는데 이토록 쉽게 0.004%라는 엉뚱한 결과가 나와 버린 것이다.

모든 것이 난장판이 되었다. 버블 매수에 나섰던 금융기관은 복잡하게 조합된 운용상품들이 사실은 껍데기에 불과했다는 사실에 직면했다. 일제히 손을 털고 벗어나려 하지만 손에 쥔 것은 팔리지 않는 금융상품뿐이다. 세계적인 금융 버블 붕괴로 시장이 폭락하는 가운데, 보유한 금융상품은 팔려고 해도 도무지 분해도 되지 않는 복잡한 구조의 상품뿐이다. 이때 유럽 중앙은행이 중심이 되어 대대적인 은행 구제책에 나섰다. 분해하려고 해도 되지 않는, 아무래도 팔리지 않는 금융상품을 유럽의 시골 작은 은행들까지도 잔뜩 사들인 상태였기 때문이다.

　리먼 쇼크로부터 12년이 지난 지금, 당시와 같은 상황이 되어가고 있다. 과잉유동성으로 인해 운용난을 겪는 금융기관들이 조금이라도 이율을 얻을 수 있을 것 같은 금융상품을 망설임 없이 사들이고 있다. 이 역시 대규모 금융 완화와 자금 공급을 이어가고 있는 통화주의에 푹 빠진 폐해다. 마이너스 금리 국채를 17조 달러어치나 사들인 것만 봐도 알 수 있다. 아무리 운용난에 시달린다고 한들 이토록 리스크 의식이 없어도 괜찮은 것일까?

- 제 8 장 -

액티브 운용이
부활한다

Financial Bubble Crisis

주가 버블의 종말

버블 장세가 곧 끝날지 계속될지는 아무도 모른다. 그러나 '모든 버블은 어딘가에서 반드시 무너진다'라는 사실만은 분명하다. 그 부분은 제3장에서 역사적인 버블과 그 종말에 대해 자세히 다뤘다.

버블이라 불릴 정도니, 본래 알맹이가 없는 버블이 터지면 그 순간 모든 것이 끝난다. 직전까지의 투기 거품은 흔적도 없이 사라지고 어마어마한 투자손실과 평가손을 남긴다. 이번 과잉유동성 주가 버블도, 사실 코로나19 상황에 침체된 세계 경제를 생각했을 때 이 정도까지 주식을 사들일만한 상황이 아니다. 그저 세계적인 과잉유동성으로 인해 갈 곳을 찾는 자금이 주식 매수에 집중되고 있을 뿐이다.

금융 완화와 대량의 자금 공급에 의한 공전의 유동성 과잉은 세계 금융기관과 기관투자자를 운용난에 내몰았다. 조금이라도 금리 이익을 거두고 싶지만 채권 시장은 마이너스 금리 국채를 매매할 정도로 천정권이다. 그 결과 연일 상승세를 보이는 주식 시장에 자금을 투입하게 된다. 그야말로 과거 일본 버블 당시에 기관투자자들 사이에서 유행하던 '빨간불이라도 모두와 함께 건너면 무섭지 않다'라는 말처럼 모두가 버블 주가에 올라타는 것이다.

거기에 개인투자자인 '메뚜기 투자자'도 가세했다. 미국에서는 실업 대책으로서 매주 600달러가 광범위하게 지급되었다. 일부는 투기 자금이 되어 나스닥 시장에 흘러들었고 가격 변동 폭이 큰 종목을 집중적으로 매수하고 있다. 로빈후드처럼 수수료가 없는 온라인 증권 플랫폼이 등장하기도 한 만큼 자금을 지원 받은 개인투자자의 투기 열기는 상당히 높아져 있다. 이것도 세계적인 과잉유동성 주가 버블에 올라탄 것이다. 메뚜기들은 현물 주식 투자에 만족하지 않고 선물 매매를 시작으로 콜옵션이나 풋옵션 매매에도 손을 뻗고 있다.

아무리 코로나19 상황에 받은 공짜 돈으로 투자한다고 해도, 지식이나 경험이 없는 상태에서 선물·옵션에 손을 대는 것은 너무 위험하다. 버블이 무너지는 순간 상상도 못할 만큼 큰 손실을 보게 될 것이다. 선택은 자유지만 결과에 따르는 책임은 모두 자기 몫이다.

언제나 투기에 미친 듯이 날뛰던 돈의 최후는 비참했다. 버블이 붕괴하면 부풀어 올랐던 자산은 한순간에 사라진다. 사라지는 것에 그치지 않고 큰 손해를 입을 수도 있다. 알맹이도 없는 것을 과잉유동성에 편승하여 무턱대고 사들인 탓이다.

엄청난 주가 하락을 각오하라

과잉유동성 주가 버블은 곧 붕괴할 것이다. 이미 언제 붕괴가 시작되어도 이상하지 않다. 그리 먼 미래의 이야기가 아니다. 제5장에서도 언급했지만, 잘 익은 감이 떨어지는 것은 시간문제다.

계기는 무엇이든 될 수 있다. 커다란 사건이 발생하여 주가가 급락할 수도 있고, 상승세나 회복세가 조금씩 둔해지면서 자연스럽게 무너져내릴 수도 있다. 어찌 되었든 붕괴는 곧 시작된다. 그 후에는 지옥 같은 현실이 펼쳐질 것이다.

지금껏 모든 투자자가 매수 포지션을 잔뜩 끌어올린 채 마구 사들였지만, 이 상태에서 주가 전반이 급락하면 큰 파란이 일어난다. 한시라도 빨리, 조금이라도 많이 팔아서 보유 주식의 포지션을 낮추지 않으면 엄청난 손실을 떠안고 만다.

어느 투자자라도 큰 타격을 입는 것은 마찬가지다. 그리고 일제히 투매에 나선다. 어떻게든 팔아서 현금화를 서두르려는 매도 주문이 쏟아지면서 주식 시장은 눈 깜짝할 사이에 나락으로 떨어진다.

지금 전 세계 투자자가 여유롭게 고점 매수하고 있는 상황이 완전히 역전되는 것이다. 모든 투자자가 물불 가리지 않고 손실 확정 매도를 우선한다. 거액의 매수 포지션을 가지고 모두가 투매에 나서기 때문에 주가는 급락에 급락을 거듭한다. 엄청난 기세로 추락하는 주가를 보고 매수에 나서는 사람은 아무도 없다. 게다가 주식 시장에서의 자동매매나 선물·옵션 거래 등이 하락세를 더욱 부추길 것이다. 컴퓨터는 그저 기계적으로 대응할 뿐이므로 인정사정없이 매도 주문을 낸다.

1987년 10월 19일에 발생한 블랙 먼데이가 바로 그랬다. 당시는 프로그램 매매라는 것이 정착하기 시작한 무렵으로, 컴퓨터가 주가 하락에 반응하여 잇따라 매도 주문을 냈다. 손 쓸 수 없는 상태가 되어 주식 시장은 공전의 대폭락장으로 바뀌었다. 다우존스 평균지수는 하루 만에 22.6% 하락했고 S&P500 선물은 29%나 하락했다. 그 영향이 전 세계로 퍼져나가 닛케이 평균지수도 전후 최대 하락률인 14.9%를 기록했다.

개인적인 견해지만, 앞으로 다가올 세계 주식 시장 붕괴는 블랙 먼데이를 넘어서는 대폭락장이 될 것이다. 그렇게 생각하는 이유는 미국을 시작으로 세계 경제의 현재 상황이 블랙 먼데이 때보다도 훨씬 좋지 않기 때문이다.

두 번의 오일 쇼크에도 약 2년 반 만에 경제 침체를 극복한 일본을 제외하고, 그 당시 비산유국 대부분은 디스인플레이션으로 힘들어했다. 에너지 가격의 급등으로 시작된 인플레이션 상황 속에서 수요가 감퇴하면서 불황이 찾아왔고 세계 경제는 계속해서 디스인플레이션이라는 궁지에 몰려 있었다. 그러다가 1980년대 중반 즈음부터 세계 경제는 조금씩 회복되기 시작했다. 경기 회복이 예상되면서 주가는 빠르게 상승 궤도에 올랐다. 그 단계에서 블랙 먼데이가 발생한 것이다.

주식 시장은 대폭락했지만 이렇다 할 직접적인 계기는 없었다. 그저 폭등한 주가가 갑자기 무너져내린 것이다. 거기에 프로그램 매매가 상황을 악화시켰다.

다시 한번 말하지만 지금은 1987년의 블랙 먼데이보다 상황이 좋지 않다. 코로나19로 인해 증발한 듯 보였던 세계 경제는 이제 겨우 부활의 길에 접어드는 중이다. 그렇게 발걸음을 겨우 뗀 세계 경제에 주가 대폭락이 덮치면 상황은 상당히 힘들어질 것이다. 애초에 경제 기초 여건(fundamentals)상 이렇게나 주가가 상승할 일은 없었다. 단지 세계적인 과잉유동성이라는 이유 하나만으로 주식을 마구 사들여온 것이다. 따라서 주식 시장이 붕괴하면 엄청나게 주가가 하락할 것이다.

매도가 쏟아지는 종목은

다만 세계적인 과잉유동성 주가 버블이 붕괴한다고 해도 모든 주식이 똑같이 급락하지는 않는다. 가격이 크게 떨어지는 주식이 있는가 하면 그다지 떨어지지 않는 주식도 있다.

세계 주식 시장은 주가 폭락으로 벌집을 건드린 것처럼 대혼란에 빠지고 평균 주가도 크게 떨어지는 가운데 버블 매수되어온 종목군일수록 매도 물량이 급격하게 쏟아져나올 것이다. 그도 그럴 것이 붕괴 직전까지 버블 매수하던 투자자들이 돌변하여 패닉 매도에 나설 것이기 때문이다. 그동안 급상승하던 종목군은 투매가 집중되면서 엄청나게 하락한다.

그 전형적인 예가 GAFAM(Google, Apple, Facebook, Amazon, Microsoft)이나 테슬라 주식이 될 것이다. 이들은 새로운 시대를 대표하는 기업이라기보다는 이미 독점적인 비즈니스 기반을 구축한 압도적인 승자라는 점에서 전 세계 투자자에게 인기를 끌어왔다. 주가 역시 4년 동안 네 배, 다섯 배로 탁구공처럼 튀어 올랐다. 각사의 매년 성장률도 발군으로, 지나친 고평가라는 지적에도 불구하고 주가는 상승에 상승을 거듭했다. 하지만 GAFAM이나 테슬라가 아무리 괴물처럼 성장하는 기업이라고 해도 본래 실력을 뛰어넘은 수준까지 매수가 몰렸다는 사실을 누구도 부정할 수 없을 것이다.

어마어마한 주가 상승 가운데 어디까지가 진짜 실력이고, 어디까지가 버블 매수인지 수치로 지적하는 것은 어렵다. 분명한 것은 앞으로 다가올 주가 대폭락으로 버블 매수 부분은 물론 진짜 실력 부분까지 한꺼번에 매도될 것이라는 점이다.

과거 여느 버블도 무너지고 나면 손실 회피성 매도가 쏟아져 나왔다.

GAFAM이나 테슬라 주식만의 이야기가 아니다. 주식 시장에 상장된 거의 모든 주식이 주가 버블 붕괴로 인해 매도 세례를 받을 것이다.

매도 세례 방식은 기업에 따라 달라진다. 주가 버블로 엄청나게 매수되어온 기업일수록 대량의 투매가 나오는 것은 당연하다. 게다가 인덱스 가격 변동에 큰 영향을 미친다는 이유로 집중 매수되어온 주요 기업의 주가도 비참한 하락세를 맞이한다. 주가 전반이 하락하면서 닛케이 평균지수 등 인덱스는 처참하게 붕괴되고 그것에 가세하여 매도 주문이 쏟아져나올 것이다.

한편 그동안 버블 증시에서 주목받지 않았던 종목군에서는 눈에 띄는 매도세가 보이지 않는다. 시장 전반 혹은 평균 주가 등의 인덱스가 엄청나게 떨어지는 것과는 달리 의외로 가격이 내려갈 듯 내려가지 않거나 오히려 오래오래 버텨낸다. 우리 같은 장기투자자의 목표는 바로 그 점에 있다.

V자형 주가 회복과 장기투자자

장기투자자는 과잉유동성 버블에 휩쓸리지 않고 버블 주가와는 계속해서 선을 그어왔다. 오히려 이런 주가 버블이 한시라도 빨리 무너지길 바라고 있었다. 따라서 포트폴리오 종목군은 버블 붕괴로 주가 전반이 크게 떨어질 것에 대비하여 하한가 저항력이 강한 종목 중심으로 짜여 있다. 이전부터 버블 붕괴에 의한 주가 하락 리스크를 최소한으로 해왔기 때문에 당연한 일이다.

장기투자가 빛을 발하는 것은 여기부터다. 과잉유동성 주가 버블이 무너진다고 해도 우리는 당황하지 않고 태연하게 대응한다.

여유만 있는 것이 아니다. 세계적인 과잉유동성 버블과 거리를 두고, 곧 다가올 버블 붕괴 이후의 상황을 염두에 둔 포트폴리오를 구축해왔다. 거기에 초점을 맞추는 것이다. 곧 우리가 예상했던 전개가 펼쳐질 것이다.

무슨 뜻인가 하면, 과거의 버블 붕괴에서도 그랬지만 붕괴 직전까지 버블장에 잔뜩 몰렸던 자금은 대부분 증발한다. 그도 그럴 것이 주가의 급락으로 가령 170이었던 투자자금이 80으로 감소하면 90의 가치는 증발한 것처럼 사라져버리는 것이다. 주가 폭락으로 주식 시장에 몰렸던 자금이 크게 축소된다. 그러면 주식 시장의 시가총액이 급감한다.

1990년대에 들어 일본 버블이 붕괴하면서 도쿄 주식 시장의 시가총액은 600조 엔에서 300조 엔으로 격감했다. 이것이 돈의 증발이다. 그뿐만이 아니다. 투자자 등 시장 참가자 대다수가 큰 손실과 거액의 평가손으로 발이 묶이고 만다. 이것은 버블 붕괴 이후 항상 보여 온 지옥 같은 풍경이다. 주가 버블에 올라타서는 더 많은 수익을 위해 고점 매수를 거듭해온 투자자들이 주가가 급락하자 오지도 가지도 못하는 신세가 되는 것이다.

조금이라도 손실을 줄여보려고 앞다퉈 매도에 나선다. 하지만 모두가 같은 상황에 놓여있는 만큼 매수 주문이 나올 리 없다. 쉽게 팔지 못하고 있는 사이 주가가 순식간에 바닥으로 추락한다. 그 결과 주가 전반은 눈 깜짝할 사이에 하락하고 많은 투자자금이 묶여버린다. 그것이 버블 투기에서 보이는 거액의 손실과 못 팔고 보유한 주식 평가손이다.

거품처럼 부풀었던 가치가 증발하고 팔지도 못한 채 떠안게 된 주식 평가손으로 인해 투자자들은 혼란에 빠지고 만다. 다음 투자에 나설 여유 따위는 없다.

주식 시장의 대혼란 틈에서 겨우 살아남은 자금은 재빠르게 다른 돈벌이 장소를 물색하기 시작한다. 언제든 돈벌이를 위한 장소를 찾아 나서는 것이 돈의 본성이며 냉정함이다. 거기에서 버블 붕괴에도 불구하고 가격을 유지하고 있는 종목군을 매수한다. 다행히 무시무시했던 버블 매수의 소용돌이에 휩쓸리지 않았기 때문에 투매도 거의 나오지 않았다.

금융 버블 붕괴로 주식 시장이 수직으로 하락하면서 일시적으로는 주가가 급락했지만 매도 물량이 많이 나오지 않았고 빠른 단계에서 하락이 멈췄다. 오히려 회복세조차 보이는 종목군이다. 여기에 살아남은 자금이 집중되기 시작한다. 그리하여 주식 시장이 버블 붕괴로 인한 매도 폭주로 대혼란에 빠져 있는 가운데 일부 종목군은 V자형 주가 급상승을 보이게 된다.

일부 종목군의 V자형 주가 상승은 버블 붕괴 등 커다란 폭락장 이후 반드시 일어나는 현상이다. 투자가 대부분은 큰 타격을 입지만 돈은 그런 것과 상관없이 새로운 돈벌이 장소에 뛰어든다. 물론 우리 같은 장기투자자가 구축해온 포트폴리오는 V자형 주가 급상승의 파도를 타고 승승장구한다. 버블 붕괴에 따른 주식 시장의 대혼란을 멀찍이서 바라보며 새로운 상승 시세를 선점해가는 것이다.

이것이 바로 장기투자 운용이라는 것이다. 항상 미래를 내다보고, 크게 하락하면 빠르게 매도에 나선다. 그런 작업을 담담하게 반복하는 것이다.

시세를 좇는 것은 투자가 아니다

지난 40년 동안 투자는 시세를 좇는 것이라는 풍조가 일반화되어 왔다. 실제로 많은 투자자가 시장의 시세 동향에 어떻게 대응하는가를 주식 투자라고 보고 있다. 주식 투자 관련 서적들도 '어떻게 시세 변동을 읽어내어 투자 이익을 높여갈 것인가'에 초점을 맞춘다. 비단 개인투자자만의 이야기가 아니다.

운용 전문가라는 기관투자자 역시 시세 변동에 어떻게 대처하는가가 주식 투자 운용이라고 여긴다. 스스로 운용 전문가라고 자처한다면 뉴욕 주식 시장의 금언을 잘 알고 있을 것이다. 이른바 '미스터 마켓(Mr. Market)과는 친구가 되지 말라'라는 가르침이다.

미스터 마켓 즉 일상적인 주가변동을 기를 쓰고 좇아서는 안 된다. 시세를 좇으려다가 결국 시세에 휘둘리게 되고 합리적인 투자 판단을 할 수 없게 된다는 교훈이다. 애초에 시세라는 것은 매수가 많으면 오르고 매도가 많으면 떨어지는 변화무쌍한 것이다. 시장 참가자 모두가 수익을 내겠다며 혈안이 되어 있다. 그리고 돈을 벌 것 같으면 매수든 매도든 그 자리에서 방향을 바꾼다.

오르락내리락 변화무쌍한 시세의 앞날을 어떻게 읽어내고 어떻게 행동에 옮긴다는 말인가. 지극히 어려운 기술이다. 차분하게 자기 페이스로 투자하고 있으면 시장의 시세 변동은 자신과는 상관없는 이야기가 되어버린다. 따라서 미스터 마켓을 멀리하라는 것이다. 다시 말해 시장과는 너무 멀지도 가깝지도 않은 관계를 유지하면서 '싸면 사고 비싸지면 팔라'라는 투자 리듬과 페이스를 지키는 것이 중요하다.

무엇보다도 이 교훈은 투자자를 위한 것이다. 데이트레이더(day trader, 단타매매자)나 딜링(dealing, 자기매매) 운용자에게 시시각각 변하는 주가를 좇지 말라고 하는 것은 곧 밥줄을 끊으라는 말이다.

그들은 시시각각 변하는 주가를 보고 단타 거래를 하여 시세차익을 실현한다. 따라서 미스터 마켓과는 친하게 지낼 수밖에 없다. 그런데 투자 운용에 있어서 시세 변동을 좇는 것은 백해무익하다. 전체적으로 시세가 어떻게 변할지는 아무도 알 수 없으며, 그것을 투자라고 여기고 사거나 파는 행위는 완전히 도박이나 다름없다.

요컨대 이 책에서 계속 주장하고 있는 금융 버블 붕괴도 언제 버블이 무너질지 예측할 수 없지 않은가. 이토록 주가 상승이 이어져 왔으니 언제 무너져도 이상하지 않다고는 말할 수 있다. 하지만 언제 붕괴가 시작될지는 아무도 모른다.

그렇다, 시세 동향은 읽어낼 방법이 없다.

기관투자자 대부분이 자금 운용

그렇다면 운용 전문가라고 불리는 기관투자자 대부분이 시세 동향을 좇고 있는 것은 왜일까? 어째서 눈에 불을 켜고 앞으로의 시세 동향을 예측해가며 매매하고 있는 것일까?

그들은 투자 운용이 아니라 자금 운용을 하고 있기 때문이다. 따라서 시세 동향에 민감하고 매수매도의 방향 전환도 실로 재빠르다. 무엇보다도 일본 기관투자자들은 이전부터 횡적 운용에 길들여져 있다. 그들은 시세 동향에 매우 민감한 데다가 타사의 동향 등 정보수집에 많은 시간과 에너지를 할애하고 있다. 정말이지 바쁘기 짝이 없다.

기관투자자가 자금 운용을 한다? 앞서 말했듯 그들은 매년 성적향상을 유일한 목표로 삼고 조금이라도 성적을 쌓아 올리기 위해 단타 매매를 반복한다. 그야말로 딜링 운용이나 다름없다.

연금을 비롯하여 기관투자자의 운용에서는 어떻게 해야 매년 성적을 높일 수 있는가가 가장 중요한 과제다. 어쩔 수 없이 시세차익 실현을 위해 단타 매매에 나설 수밖에 없다. 차분히 앉아서 3년, 5년 단위로 큰 투자 수익을 노리는 운용 스타일은 애초에 허락되지 않는다.

아무리 작은 매각 수익이라도 그것을 쌓아 올리면 한 해 성적으로서 괜찮은 숫자가 된다. 거기에 다섯 배, 열 배의 레버리지를 걸면 가령 0.1%의 매각 이익이라도 다섯 배인 0.5%나 열 배인 1%와 같은 투자 수익을 만들어낼 수 있다. 혹은 1초에 1000회나 2000회 고속매매하는 방법을 채용하면 고작 0.001% 같은 매우 적은 매각 이익이라도 0.3% 정도의 투자 리턴을 계상할 수 있다.

이런 식으로 연금 등 기관투자자 대부분이 시세를 좇는 투자 운용에 몰두하고 있다. 그것에 더해져서 인덱스 선물 등을 구사한 딜링 운용이 현재 기관투자자 운용의 주류가 되었다.

개별 주식 투자의 딜링 운용은 품이 많이 들고 시간도 오래 걸린다. 게다가 기관투자자의 거액자금은 그렇게 간단히 단기 회전 매매할 수 없다. 거기서 생각해 낸 것이 인덱스 단기매매와 인덱스 선물을 투자 대상으로 한 딜링 운용이다. 개별 주식 투자와 달리 인덱스를 매매하는 것이므로 기관투자자의 거액자금도 무리 없이 대응할 수 있다.

더욱이 개별 기업에 대한 리서치도 필요 없다. 인덱스 가격 변동에 영향을 줄 것 같은 미시경제 지표나 정치 사회 동향을 그저 지켜보기만 하면 된다. 결과적으로 일본에서는 기관투자자 운용의 80% 전후, 미국에서는 85% 전후가 인덱스와 엮여 있다. 어찌 되었든 매년 성적을 높이기 위해 시세 동향을 좇아 단기 매각 이익을 쌓아 올리려고 한다. 그것도 개별 종목이 아니라 인덱스를 투자 대상으로 한다.

이것이 운용 전문가이자 거액의 자금을 운용하는 기관투자자의 현실이다. 그렇다면 주식 투자 그 자체가 시들해질까? 이대로 과거의 유물이 되어버리는 것일까? 그런 걱정은 하지 않아도 된다.

금융 버블 붕괴로 개별주 투자가 주목받는다

조금 대담한 예측으로 여겨질지 모르지만 언젠가 도래할 금융 버블 붕괴 이후 주식 투자는 부활한다. 특히나 인내와 끈기를 무기로 버텨온 장기투자자가 주목받게 될 것이다.

어떤 일이 벌어질까? 우선 다가올 금융 버블 붕괴로 주가 전반은 크게 하락한다. 그중에서도 지금껏 버블 매수되어온 기업의 주식일수록 격렬한 기세로 매도된다. 아마도 이번 금융 버블이 붕괴하면 각국 정부는 기업이나 은행을 구제할 여유가 없을 것이다. 이토록 심각하게 재정적자를 확대시키고 그 구멍을 메우기 위해 국채를 발행하여 각국 중앙은행에 떠넘기면서 국채의 화폐화까지 거론되는 상황이기 때문이다.

결국, 금융 버블에 휩쓸린 많은 기업이나 은행이 다각의 평가손과 부실채권을 떠안고 시장에서 퇴출을 재촉당한다. 물론 그런 기업의 주가는 제로에 가까워진다. 즉 인덱스 등 평균 주가가 바닥까지 추락한다. 그렇게 되면 연금을 시작으로 기관투자자는 패닉 상태에 빠지고, 부적격 낙인이 찍힌 기업과 은행이 시장에서 사라질 때까지 인덱스는 침체 상태를 벗어나지 못할 것이다.

시장 전체를 커버하는 ETF는 어찌할 도리가 없다. 인덱스는 개별 기업이 순차적으로 탈락하기만을 기다리면 된다. 하지만 ETF는 모든 종목을 하나의 패키지로 묶어놨기 때문에 부적격한 종목이 모두 사라질 때까지 계속해서 저가를 맴돌게 된다.

한편 이러한 지옥 같은 대혼란 속에서도 개별 기업 가운데 금융 버블 붕괴를 뛰어넘어 빠르게 부상하는 종목이 나온다. 앞서 이야기한 것처럼 장기투자자를 비롯하여 시장에서 살아남은 자금이 이 종목을 집중 매수한다. 그 결과 V자형 주가 상승이 된다.

주식 시장은 대폭락 이후 혼란에 빠져 손 쓸 수 없는 상태가 되고. 인덱스 등 평균 주가도 크게 하락한다. 그런데 일부 기업의 주가는 조금씩 상승세로 돌아선다. 당연히 움직일 수 있는 일부 투자자는 그곳으로 흘러든다. 이것이 바로 개별 주식 투자 즉 '액티브 운용'의 부활이다.

액티브 운용의 부활 -1

전 세계적으로 인덱스 운용이 주류를 이루다 보니 액티브 운용을 지난 시대의 유물 정도로 여기는 사람이 많다. 장기투자자가 멸종 위기의 존재가 되어 가는 것과 궤도를 같이한다.

이를테면 이런 것이다. 액티브 운용은 개별 기업을 꼼꼼하게 리서치한 뒤에 투자하는 등 시간이 오래 걸리고 비용도 많이 든다. 그보다는 닛케이 평균지수나 TOPIX 등 인덱스나 ETF를 투자 대상으로 하는 편이 훨씬 간편하다. 기관투자자의 거액자금으로도 간단히 매매할 수 있다. 또한, 몇몇 학자들이 인덱스 운용은 성적도 좋고 비용도 적게 들기 때문에 액티브 운용보다 낫다는 연구성과를 잇따라 발표하고 있다. 최근에는 갑자기 투자 교육이나 금전 교육의 중요성을 피력하고 있는데, 그러한 교육에서도 인덱스 운용이 액티브 운용보다 비용이 적게 들고 성적도 좋다는 점을 가르친다.

우리 같이 확고한 신념을 지닌 장기투자자 측에서 보면 기가 찰 노릇이다. 운용 현장을 전혀 모르고 있다고 단언할 수 있다.

학자들은 연구에서 과거의 데이터 즉 근거를 바탕으로 이론을 펼친다. 따라서 가능한 한 광범위하게 많은 데이터를 모아 그것을 분석함으로써 객관성 높은 연구성과를 얻고자 한다. 일반적인 객관분석이라면 그 방법이 맞다. 하지만 투자 운용의 성과에 관해서는 그것이 커다란 착오를 범하고 만다. 특히 액티브 운용에서는 최악이다.

액티브 운용의 세계에서는 시간이 흐를수록 개별 운용 능력에 따라 천차만별의 결과가 확연하게 드러난다. 5년이 채 되기 전에 눈에 띄는 성적을 내지 못한 운용 펀드나 미숙한 운용자는 대부분 탈락한다. 다시 말해 학자들이 증거라고 주장하는 액티브 운용 성적에는 미숙한 운용 펀드들이 탈락하기 이전의 데이터까지 포함되어 있다. 인덱스는 평균 주가 그 자체지만 액티브 운용은 천차만별의 운용 성적이 뒤섞여 있는 것이다.

세계적으로 새로운 펀드는 끊임없이 설정된다. 그 가운데 미숙한 운용으로 해약이나 상환을 요구받아 소멸하는 펀드는 무수히 많다.

그렇다, 많은 데이터를 수집하여 통계적으로 처리한 액티브 운용의 평균 성적에는 미숙한 운용자들이 남긴 잔해 같은 성적까지 잔뜩 가미되어 있는 것이다. 우리 같은 장기투자자가 봤을 때 그러한 통계 데이터는 마땅치 않은 숫자에 불과하다.

애초에 액티브 운용이 인덱스 운용보다 못하다고 말하는 자체가 이상하다. 평균 주가 등의 인덱스는 본래 옥석혼효(玉石混淆), 그러니까 옥과 돌이 뒤섞여 있는 종목 짜깁기에 불과하다. 한편 액티브 운용은 옥이라고 여겨지는 기업군을 선별하여 투자한다. 이것은 매우 중요한 차이다. 당연하게도 5년 이상 장기적인 투자 운용 성과에서는 옥이라고 여겨진 기업을 가득 채운 액티브 운용이 빛을 발한다. 그것도 시간이 지나면 지날수록 인덱스 운용과의 차이가 더욱 벌어진다.

예를 들어, 현재 필자의 회사가 운용하는 사와카미 펀드는 설립 이래 21년 3개월이 되어 가는데 인덱스와 성적 차이가 계속해서 벌어지고 있다. 2020년 11월 17일 시점에 닛케이 평균지수는 1만 8095엔에서 2만 6014엔으로 44% 상승했지만, 사와카미 펀드는 1만 엔에서 시작하여 2만 7735엔으로 177%이나 상승했다.

이 같은 압도적인 성적 차이야말로 액티브 운용의 실력이다. 천차만별의 세계이긴 하지만 제대로 된 액티브 운용이라면 인덱스 운용이 절대 따라잡을 수 없다는 사실을 여실히 보여주고 있다. 참고로 사와카미 펀드는 운용 규모가 10억 엔, 100억 엔 정도의 움직임이 가벼운 소규모 펀드가 아니라 3000억 엔이 넘는 메가 펀드다. 그야말로 인덱스와 정면으로 승부를 겨룬 결과라고 할 수 있다.

지금도 이미 엄청난 성적 차이를 보이고 있지만, 이번 금융 버블이 붕괴되기 시작되면 그 차이가 더욱 벌어질 것이다. 닛케이 평균지수 등의 인덱스는 뒤섞여 있는 돌의 무게로 인해 가라앉고 만다. 그리고 오랫동안 침체 상태를 벗어나지 못할 것이다. 그에 비해 액티브 운용은 주식 시장 전반의 폭락을 뛰어넘어 빠르게 상승 궤도에 진입할 것이다.

액티브 운용의 부활-2

액티브 운용은 제대로 된 기업 리서치를 바탕으로 장래에 옥이 될 것으로 여겨지는 기업군을 선별하여 운용한다. 물론 그것만으로도 평균 주가 등 인덱스와 성적 차이가 크게 벌어지지만, 그게 전부가 아니다.

엄격한 종목 선별과 함께 진짜 액티브 운용에서는 편입 종목의 유동성에 항상 주의를 기울인다. 언제 어떤 폭락장에 맞닥뜨릴지 알 수 없다. 그러한 폭락장에도 고객 자산을 끝까지 지키려는 운용 자세와 마음가짐은 운용 전문가로서 절대로 간과해서는 안 될 부분이다. 그뿐만이 아니다. 때로는 시세 폭락으로 인해 고객의 해약 매도가 집중될 때가 있다. 그런 경우를 항상 상정해 둘 필요가 있다.

고객의 해약 매도에 대응하기 위해서는 현금을 마련해야 한다. 그럴 때 포트폴리오에 유동성 없는 소형주 등을 많이 넣어두었다면 지옥을 맛보게 될 것이다. 현금화를 위해 보유주를 팔아야 하지만 유동성이 낮은 편입 종목이 많으면 시장에 매수가 전혀 들어오지 않는다. 그래도 팔아서 현금을 조달해야 한다. 그런 상황에서는 자신의 매도가격만 하락한다.

그렇게 현금화가 좀처럼 진행되지 않는 가운데 어떻게 해서라도 현금을 마련하기 위해 포트폴리오 편입 종목을 잡히는 대로 팔게 되면 성적은 급격하게 악화된다. 이것이야말로 액티브 운용 펀드가 탈락하는 하나의 요인이 된다.

1999년 8월 24일 설립 이래로 사와카미 펀드는 펀드 자산의 50% 이상을 유동성 높은 대형주로 보유한다는 운영방침을 지켜오고 있다.

언제 대량의 해약 주문이 들어올지 알 수 없다. 그럴 때 포트폴리오를 해치지 않고 해약을 위한 현금을 마련할 수 있어야 한다. 그렇게 하지 않으면 해약 매도하는 고객은 물론 계속 남아있어야 하는 고객에게도 면목이 없다. 해약 매도로 인해 포트폴리오가 누더기가 되어버리는 것은 참으로 부끄러운 일이다. 운용 책임을 회피하는 것이나 다름없다.

이 같은 유동성에 대한 고려도 액티브 운용에서는 필수 요소다. 어느 정도 운용 성적을 포기해서라도 지켜야 할 운용 자세이며 운용자의 도덕이기도 하다. 그런 점을 사와카미 펀드는 성실하게 지켜왔다. 소형주가 인기를 끄는 상황에서도 절대 흔들리지 않는다. 항상 유동성을 의식한 운용 성적을 지키고 있다.

설립 이래 21년 동안 소형주의 유동성으로 인해 문제가 생긴 적은 없다. 계속해서 소형주를 멀리해온 사와카미 펀드는 결과적으로 소극적 손해를 보고 있는 것이 아닐까? 맞는 말이다. 하지만 그래도 상관없다. 운용 성적이 조금 떨어진다고 해도 유동성을 중시한 운용 자세는 절대로 무너뜨리지 않을 것이다. 그런 운용 자세를 무너뜨리지 않고도 닛케이 평균지수 등을 크게 리드하고 있다. 이것이 바로 액티브 운용의 실력이자 여유다.

금융 버블이 붕괴되면 수많은 액티브 운용 사이에서도 그 진가가 가려진다. 주가가 폭락하고 매도나 현금 확보로 정신없는 주식 시장에서 끝까지 평온하게 포트폴리오를 지켜낼 수 있는가가 관건이다. 각 펀드를 비교해보면 커다란 차이가 보일 것이다.

　마지막으로, 인덱스는 인덱스일 뿐이다. 유동성이나 갑작스러운 해약 매도 등과는 상관없이 일상적인 주가에서 산출된다. 이러한 부분과 함께 매매 수수료가 들지 않는다는 점만 보면 액티브 운용보다 유리하다고 할 수 있다. 그럼에도 불구하고 실력파 액티브 운용이 인덱스를 뛰어넘는 것은 틀림없는 사실이다. 이 점에 대해서는 다음 장에서 자세히 살펴보도록 하자.

제 9 장

가치주 투자는
죽었는가

Financial Bubble Crisis

금융 버블 붕괴 후 실물경제를 재인식한다

금융 완화와 자금의 대량 공급을 주장하는 통화주의 이론은 금융 버블 붕괴와 함께 무너질 것이다. 통화주의의 유일한 성과로 꼽히던 채권 시장과 주식 시장의 주가 버블 역시 무너진다. 금융 시장은 물론 경제 전반에도 타격이 크다. 이번에야말로 어느 국가든 중앙은행이든 대처 방법이 많지 않다. 코로나19 불황이 이어지고 있는 만큼 경제나 사회가 상당히 혼란스러워질 것이다.

그런 상황 속에서 사람들은 새로운 움직임의 대두에 눈이 휘둥그레진다. 항상 우리 주변에서 당연한 듯 존재하는 하루하루의 경제 활동을 재인식하게 되는 것이다. 그것은 사람들의 일상생활 즉 한시도 멈추지 않는 실물경제의 움직임이다.

금융 버블이 대폭락하든 채권 시장과 주식 시장의 버블이 꺼지든, 수많은 기업과 은행이 파산하든 말든 실물경제는 사라지지 않는다. 실물경제는 항상 움직이고 있다. 실물경제는 그야말로 사람들의 일상생활이며, 그들의 생활을 뒷받침하는 기업 비즈니스다. 경제 대부분은 사람들의 생활 소비와 기업의 생산공급 활동으로 이루어진다. 정부 관여 같은 것은 극히 일부에 지나지 않는다.

앞서 말했듯이 현재 지구상에는 약 78억 명에 달하는 사람들이 살아가고 있고 2050년에는 97억 명이 될 것으로 예상된다. 매일 20만 명씩 엄청난 속도로 수요가 증가하는 것이다. 그것을 바탕으로 한 거대한 생활 소비와 그에 대응하려는 생산공급 활동은 절대 멈추지 않는다. 버블이 무너지든 주가가 대폭락하든 상관없이 실물경제는 계속해서 움직일 것이다.

지금은 금융의 시대다, 혹은 금융이 경제를 리드한다고 이야기되어왔다. 거액의 숫자가 오가는 금융 비즈니스의 화려함에 시선을 빼앗기기 일쑤였다. 그러나 앞으로 사람들은 실물경제의 존재와 그 강력함을 재확인하게 된다. 그러면서 실물경제를 떠받치고 있는 기업군의 주식이 날개 돋친 듯 팔려나간다. 지난 30년 동안의 금융 시장주의처럼 으스대는 것이 아니라 사람들의 생활을 바탕으로 한 기업군의 주가가 상승한다.

이러한 움직임은 점점 빠르게 확산되면서 금융 버블 붕괴로 혼란에 빠진 사회에 밝은 희망과 한층 안정된 경제 활동을 불러올 것이다.

가치주 투자는 죽지 않는다

여기까지 보고 나면 우리 같은 장기투자자가 큰 흐름을 읽어내어 하나하나 대책을 세워왔다는 사실을 알아챌 수 있을 것이다.

가장 먼저 금융 완화와 자금의 대량 공급에 의한 과잉유동성 버블 주가에는 선을 긋고, 항상 실물경제를 시야에 둔 투자에 집중해왔다. 금융 버블에 휩쓸리지 않고도 버블 운용팀에 지지 않는 성적을 남겨왔다.

성적을 남기는 것은 그렇게 어려운 이야기가 아니다. 우리 장기투자자는 일반 사람들에게 있어서 사라지면 곤란한 기업을 응원한다. 응원한다고 선언한 만큼 모두가 투매에 나서는 폭락장에 뛰어들어 단호하게 매수 주문을 낸다. 그러다가 경제 정세나 투자 환경이 호전되어 모두가 매수에 몰려들면 응원은 잠시 그들에게 맡겨두고 조금씩 매도 주문을 낸다. 이것은 이익 확정을 위한 매도인 동시에 다음 기업의 응원 매수를 위한 현금 마련 행위이기도 하다.

장기투자는 이러한 과정을 그저 담담하게 반복해가는 것이다. 그렇게 '싸게 사서 비싸지면 판다'는 행위를 반복하다 보면 투자 리턴은 점점 쌓이게 되고, 시간이 지날수록 재투자로 인한 운용 성적은 눈덩이처럼 불어난다. (그림 8-1)

두 번째로 금융 버블이 언제 무너져도 평정을 유지할 수 있도록 버블 붕괴 리스크가 있다고 여겨지는 종목은 투자 대상에서 모두 제외한다. 거기에는 채권 버블 붕괴에 의한 장기금리의 급상승 리스크도 포함된다.

[그림 8-1] 일반 사람들에게 중요한 기업을 응원한다

① 일반인에게 중요한 기업에 매도가 집중되면 단호하게 응원 매수에 나선다
② 상황이 좋아져서 많은 투자자가 매수에 몰리면 그들에게 응원을 맡기고 매도하여 이익을 확정한다
② 동시에 다음 투매가 쏟아지는 국면에서 매수에 나설 자금을 준비한다

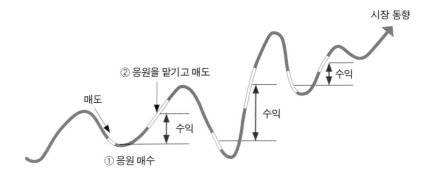

지금 아무리 승승장구하고 있는 비즈니스라도 금리상승이라는 파도를 이겨내지 못할 것 같은 업종은 투자 대상에서 제외한다. 구체적으로 어떤 산업인지는 여기서 밝히지 않겠지만 아마 쉽게 유추할 수 있을 것이다.

　마지막으로, 금융 버블 붕괴 이후 사회가 혼란에 빠지는 와중에도 절대로 주저앉지 않는 실물경제의 움직임을 세상은 재차 확인하게 된다. 그러한 흐름을 남보다 빨리 읽어내어 포트폴리오를 구축해두는 것이다. 이것이 진짜 장기 운용이다.

　금융 버블이 붕괴하고 우리의 투자 대상 종목 대부분이 V자형 주가 상승을 보이면 신문 등 미디어에서 '가치주 투자의 부활'이라며 호들갑

을 떨 것이다. 그러나 호들갑 떨 일이 아니다. 그저 GAFAM이나 테슬라 등 급성장 기업의 주가가 폭락하고 성장주 투자 열기가 사그라지면서 그로 인해 가치주 투자가 주목받는 것일 뿐이다.

가치주도 성장주도 아니다

사실 본격적인 주식 투자에 있어서 가치주나 성장주의 구별은 의미가 없다. 천천히라도 좋으니 장기적으로 성장해가는 기업의 주식을 시장이 외면하고 있을 때 매수해 두는 것이 바로 투자 운용이다. 말하자면 장기적인 성장주가 시장이나 투자자에게 외면을 받아 저평가인 시기에 사두는 것이다. 그 주식이 어딘가에서 주목을 받아 가격이 크게 오르면 세상이 '가치주 투자가 최고'라며 추켜세운다.

거듭 말하지만 투자라는 것은 싸게 사서 비싸지면 파는 것일 뿐이다. 쌀 때는 시세가 폭락할 때지만 언제 비싸질지는 시장이나 투자자에 달려있으므로 그것을 기다리며 장기적인 태세를 갖춘다. 이것이 장기투자의 진수다. 기본은 철저한 기업조사지만 장래에 있어서 불확실하고 납득이 되지 않는 비즈니스는 모두 버린다. 미디어나 시장에서 엄청난 성장 가능성이 있다고 아무리 떠들어도 5년 후 어떻게 될지 알 수 없는 기업은 투자 대상에서 제외한다.

시장에서는 무언가의 이유로 폭락하는 일이 빈번하게 일어난다. 그럴 때라도 당황하지 않고 오히려 단호하게 추가 매수에 들어갈 수 있을 만한 기업을 투자 대상으로 한다. 그런 다음 '5년이나 7년 후에 두 배가 되면 된다' 정도의 마음가짐으로 태세를 갖추자. 투자 리턴을 위해 이리저리 움직이는 것은 추천하지 않는다. 피곤하기만 할 뿐 어딘가에서 시세 폭락을 맞아 큰 화상을 입는다.

5년이나 7년 만에 두 배가 된다는 것은 사실 연이율로 따지면 14.4%나 10.2%로 꽤 훌륭한 성적이다. 매년 이만큼의 성적을 올리려면 상당한 노력이 필요하다. 이처럼 5년이나 7년 만에 두 배가 되면 좋겠다고 실로 가벼운 마음으로 투자해도 충분하다. 그것이 바로 '성적을 남기는 것은 그렇게 어렵지 않다'라고 말하는 이유다.

과연 말처럼 쉬운 일인가

이렇게 이야기하면 '그게 말처럼 잘 될까'라는 의문이 들 것이다. 실제로 필자의 투자자 세미나에서도 종종 이해가 안 된다는 표정으로 이러한 질문을 해온다. 하지만 잘 생각해보면 당연한 일을 하는 것일 뿐이며 정말 간단한 작업이다. 실제로 장기투자는 누구나 할 수 있다. 지금부터 그 이유를 설명하겠다.

우선 주식 시장은 많이 매수되면 오르고 매도되면 내려간다. 그러한 변동은 끊임없이 반복된다. 일본 주식 시장만 봐도 해마다 3~5회는 폭락한다. 그러한 폭락장은 실제로 일어나고 있는 일이기 때문에 쉽게 납득이 될 것이다.

다음으로 자신이 일상생활 속에서 '이 기업과 이 기업은 절대로 사라지면 안 된다. 계속 잘해나가길 바란다'라고 생각하는 기업을 선별한다. 그것이 자신의 응원 종목이 된다.

응원 종목을 정했다고 해서 곧바로 매수에 나서면 안 된다. 느긋하게 주식 시장이 폭락하기를 기다린다. 폭락장이 되면 곧 자신의 응원 종목에도 가차 없이 매도 주문이 쏟아진다. 거기에서 응원 매수에 나선다. '어째서 이렇게 좋은 회사를 이렇게나 매도하는가. 내가 응원해주겠다'라는 마음으로 단호하게 매수에 나선다. 이때 '저점은 어디일까'라거나 '가격이 더 내려가지 않을까'라고 생각하면 안 된다. 그런 욕심을 드러낸 순간 장기투자 리듬이 무너지고 시세를 좇는 형태로 끌려가 버리고 만다.

투자에서 가장 하지 말아야 할 것은 욕심을 드러내는 일이다. 욕심을 드러내는 순간 리스크와 함께하는 세계로 추락한다. 하한가에서 응원 매수에 나섰다면 그다음은 느긋하게 기다리면 된다. 자신이 매수한 분만큼 폭락장에서 인정사정없이 주식을 팔아치운 주주를 대신하여 진정한 응원 투자자가 주주로서 등장했다며 기업이나 사회에 메시지를 발신하는 것이다.

느긋하게 기다리고 있는 사이에 경제 정세나 투자 환경이 호전되면 주가는 다시 상승한다. 상승세가 되면 시세를 좇는 투자자들이 대거 매수에 몰린다. 말하자면 상황이 좋아지면서 고개를 드는, 일시적인 응원단이 등장하는 셈이다.

일시적인 응원단이 매수에 나서면 잠시 응원을 그들에게 맡기고 이익 확정을 위한 매도 주문을 낸다. 이때도 '조금 더 오르지 않을까. 더 비싼 값에 팔면 이익의 폭이 훨씬 커지지 않을까'라며 욕심을 내면 안 된다. 미련 없이 팔고 이익 확정한 뒤에 원금과 이익은 다음 폭락장에서의 응원 매수 자금으로서 손에 쥐고 있어야 한다. 혹시라도 '아직 상승세가 이어지고 있다. 다음은 어느 주식을 목표로 할까'라며 주식 시장에 돌아와서는 안 된다.

모두가 가차 없이 매도를 쏟아내는 가운데 단호하게 응원 매수에 나서고, 일시적인 응원단이 대거 매수에 몰리면 판다. 그 결과 나쁘지 않은 투자 이익을 얻는다. 그것으로 충분하다. 다음 폭락장에서 원금과 이익을 모두 응원 매수에 돌리면 훌륭한 재투자가 되고, 그때부터 복리로 눈덩이처럼 불어나는 사이클에 첫걸음을 내디딜 수 있다. 이러한 단순 작업을 반복하는 사이에 장기적 재산 만들기는 원활하게 진행된다.

이것이 장기투자다. 믿을 수 없을지도 모르지만 리스크 같은 것을 전혀 느끼지 않고 여유롭게 자기 페이스로 장기투자를 이어갈 수 있다.

리스크를 느끼지 않는다? 그렇다, 일반 사람들에게 중요한 기업이라는 말은 일상생활에서 모두가 그 기업의 매상에 공헌하고 있다는 뜻이다. 매상이 꾸준히 들어오는 기업이라면 여간한 일이 아니고서는 망하지 않는다.

무너지지 않는 기업의 주식을 하한가에 사두고 오르기를 기다렸다가 되파는 투자를 이어가다 보면 이익은 착실하게 쌓인다. 이런 작업을 자기 페이스로 리듬감 있게 반복하는 것이다. 시세 동향과는 너무 가깝지도 멀지도 않은 거리를 유지하면서 절대로 시세에 휩쓸리지 않는다. 조금 더 낮은 가격에 사야겠다든지 더 높은 가격에 팔리지 않을까라는 욕심을 드러내면 한순간에 끝난다.

이 점만 지켜서 주식 투자하면 누구라도 간단히 장기 자산 만들기를 할 수 있다.

시장 시세는 영원히 상하변동을 반복한다. 어찌 되었든 싸게 사서 비싸게 판다는 응원 리듬을 지키며 여유 있게 투자 리턴을 쌓아가면 그것으로 충분하다.

장기투자는 누구나 쉽게 할 수 있다-1

일반 사람들이 어떻게 장기투자하면 좋을지는 이미 설명한 대로다. 중요한 부분이므로 다시 한번 간략히 짚고 가자면 이렇다.

자신이나 주변 사람들의 생활에 있어서 현재도, 5년 후에도, 10년 후에도 없어서는 안 된다고 여겨지는 기업 가운데 좋아하는 회사를 고르고 계속해서 응원하겠다는 결심을 굳힌다. 물론 일상생활 속에서 관찰할 필요가 있다. 정말 그 기업이 응원할만한 기업인지 어떤지 상시 조사해둔다.

그런 다음 주식 시장의 폭락을 기다린다. 주식 시장은 해마다 3~5회는 폭락하기 마련이다. 그때를 기다렸다가 응원 매수에 나서는 것이다. 그때 '얼마까지 떨어질까'나 '이렇게 급락하는데 더 떨어지지 않을까'라며 시세에 연연하지 않도록 주의한다. 이 점은 절대 지켜져야 한다. 이것이 장기투자의 원점이기 때문이다.

감정을 담는 것은 괜찮다. '저번 주까지 주가를 보면 매수가 엄청났다. 이렇게 훌륭한 기업인데 인정사정없이 매도당하는구나. 그럼 내가 응원해야겠다'라며 열정에 불타올라 매수 주문을 내는 것은 좋다. 중요한 것은 '모두가 몰려들어서 매도한다면 내가 나서서 응원하겠다'라는 열정적인 응원의 마음가짐이다.

그 정도로 강렬하게 응원하는 마음이 없으면 무시무시한 폭락장에서 매수에 나서지 못한다. 주가 전반이 폭락해 있으니 말이다.

조금이라도 응원 매수를 망설이면 결국 눈 깜짝할 사이에 시세 동향에 휩쓸리고 만다. 시세 그 자체는 사람들의 욕망이 끓어올라 솟구치는 세계다. 조금이라도 욕심을 내비친 순간 끝없는 욕망에 휩쓸리고 만다.

인간은 누구나 욕망이 있고 어차피 사는 것이라면 싸게 사고 싶은 것이 인지상정이다. 하지만 그러한 욕망이 조금이라도 고개를 들면 매수 적기를 놓치고 만다. 모처럼 응원하겠다며 마음을 굳혔는데, 조금 더 낮은 가격에 사는 편이 이득이지 않겠냐는 이익계산이 앞서는 것이다. '언제 사야 하나, 조금 더 기다려볼까'라고 고민하다가 결국 응원 매수는 못 하고 시간만 낭비하게 된다.

이래서는 생활투자자로서 실격이다. '무슨 일이 있어도 응원하겠다'라는 마음이 흐트러지면서 욕망에 가득 찬 일반적인 투자자로 전락해버린다.

장기투자는 누구나 쉽게 할 수 있다-2

매도도 마찬가지다. 모두가 인정사정없이 매도를 쏟아낼 때 자신만은 응원 매수에 나섰다. 그때와 비교하면 분명 경제 상황도 투자 환경도 훨씬 개선되었다. 주식 시장은 비현실적일 정도로 활황을 보이고 있다. 그래서 더더욱 '이제야 매수에 몰려드는가'라며 분노 같은 감정이 끓어오른다. 폭락장에서 단호하게 응원 매수에 들어갔던 만큼 그런 감정이 느껴지는 것도 어찌 보면 당연하다.

주가가 돌아온 것을 보고 여기서 한밑천 잡아보겠다며 욕망을 고스란히 드러낸 사람들이 주식 시장에 한꺼번에 들이닥친다. 이것이야말로 일시적인 응원단의 집합이다. 일시적인 응원단이 하나둘 나타나기 시작하면 조금씩 매도 주문을 낸다. 응원은 잠시 저들에게 맡기기로 하고 욕망에 눈이 먼 사람들로부터 한 발 떨어지는 것이다. 이미 모두가 매도를 쏟아내는 시기에 자신만은 싸게 사두었다. 참으로 간단한 일이다.

매도에 나서는 단계에서 주의해야 할 점은 역시 시세 동향에 연연하지 않는 것이다. 일시적 응원단이 매수에 몰리고 있다. 그러면 '욕망에 눈먼 이들에게 뒤를 맡긴다'라는 마음으로 그곳에서 빠져나오면 그만이다.

앞서 말했든 거기서 시세 동향을 신경 써서는 안 된다. '더 오르겠지'라고 생각한 순간 기업을 응원하는 마음은 어딘가로 사라지고 자기도 모르는 사이에 돈에 집착하는 일반적인 투자로 전락하고 만다. 이것은 많은 개인투자자가 빠지기 쉬운 보이지 않는 함정이다. 어지간히 확고하게 마음을 다잡지 않으면 더 높은 가격을 기대하게 된다.

보이지 않는 함정은 시세를 좇아 '더 낮은 가격으로 사고 싶다'라거나 '더 높은 가격으로 팔고 싶다'와 같은 욕망을 드러내게 되는 것이다. 이런 욕망이 고개를 드는 순간 장기투자자의 리듬도 페이스도 모두 사라져버린다.

장기투자는 누구나 쉽게 할 수 있다 - 3

장기투자자나 생활투자자에게 있어서 가장 중요한 것은 시장 동향과 멀지도 가깝지도 않은 거리를 유지하는 것, 그리고 일반 사람들이 중요하게 생각하는 기업을 응원하는 마음을 잊지 않는 것이다.

응원하는 마음을 소중히 하면 할수록 장기투자 리듬이 유지된다. 만약 시세가 폭락해도 '지금은 응원해야 할 때'라며 매수에 나설 수 있다. 살 때는 사고, 팔 때는 판다. 시세 동향 따위는 고려하지 않는다. 자신의 페이스로 그저 응원하는 마음을 소중히 하며 싸다고 생각되면 매수에 나선다. 절대 시장의 가격 변동을 의식하지 않는다.

응원해야 할 때라고 생각한 순간 매수에 나서고, 일시적인 응원단이 우후죽순으로 나타나면 이익 확정 매도에 들어간다. 이런 리듬을 지키고 시간축을 길게 잡는 것, 그것이 장기투자의 전부다. 시간축을 길게 잡으라는 것은 이런 뜻이다. 폭락장에서 응원 매수에 나서는 것은 한순간, 그러니까 매우 짧은 기간에 일어난다.

한편 매도는 상승 열기가 꽤 뜨거워진 이후의 이야기다. 그때까지 반년이 걸릴 수도 있고 2년, 3년이 걸릴 수도 있다. 따라서 장기투자라고 부르는 것이다. 장기투자자에게 중요한 것은 시세 동향 등을 무시하고 그저 자신의 응원 투자를 리듬에 맞춰서, 조금 긴 시간축으로 실행해가는 것이다. 그것이 몸에 배면 장기투자가 편하게 느껴질 것이다.

덧붙여 말하자면, 지금까지 이야기한 것을 시험 삼아 실천해보길 바란다. 처음에는 적은 자금으로 필자가 이야기한 대로 실행해보자.

실행해보면 알 수 있다. '투자란 이런 것인가, 정말 쉽다'라고 실감할 것이다. 그렇게 성공 경험을 쌓아가면서 투입하는 자금을 늘려가면 된다.

장기투자는 습관이다. 그리고 기업을 응원하는 의지와 각오다.

생활투자자의 등장

이 책에서 마지막으로 다룰 이야기는 생활투자자의 대거 등장이라는, 앞으로 구축해가야 할 사회의 모습에 대해서다. 그렇게 세상은 좋은 방향으로 탈바꿈해갈 것이다.

어떻게 바뀌어 갈까? 일반 사람들이 봤을 때 현재에도 미래에도 사라져서는 안 될 기업군이 투자 대상으로서 점차 주목을 받는다. 그것은 일상적인 생활 소비에 있어서 어차피 산다면 이러이러한 기업에서 사야겠다는 응원이 담긴 구매로 이어진다. 일반 사람들과 기업의 관계가 점점 밀접해지는 것이다. 물론 주식 시장이 폭락하면 생활투자자로서 단호하게 응원 매수에 나선다. 기업 측에서는 무척이나 고마운 응원 주주가 등장한 셈이다.

종종 매수 방어책 등이 화제가 되는데, 이 역시 완전히 과거의 이야기가 되어버린다. 주가가 대폭 하락했을 때 생활투자자가 잇따라 응원 매수에 등장하면 행동주의 투자자 등의 저가 사재기를 자연스럽게 방어할 수 있다.

생활투자자의 존재가 커질수록 기업도 장기적인 시야를 갖추고 경영에 매진할 수 있다. 최근 기업들이 기관투자자 등 대주주의 빈번한 압박으로 인해 단기 이익 확대화에 매달리게 되는 경향을 생각하면 실로 든든한 응원 주주의 등장이 아닐 수 없다. 그렇게 생활투자자와 기업이 손을 맞잡고 더 나은 사회를 만들어가기 위해 공동작업에 나선다. 그것도 지금 당장만 생각하는 것이 아니라 5년 후, 10년 후를 보고 공동으로 해나가는 작업이다.

여기서 말하는 공동작업이란 서로의 장래를 위해 확실하게 책임을 지는 것이다. 기관투자자처럼 고용된 운용자들은 자신의 급여나 보너스를 위해 매년 성적을 좇는다. 그것은 절대로 바람직한 일이 아니다.

생활투자자에게는 엄청나게 큰, 잠재된 힘이 있다. 참고로 일본에는 개인 금융자산 1883조 엔 가운데 933조 엔이 예·적금 상태로 잠들어 있다. 이것은 세계 최대 규모의 잠든 자원이라고 할 수 있다. 그 주인인 일반 사람들이 예·적금의 30%만이라도 장기투자로 돌린다면 엄청난 규모가 된다. 무려 311조 엔이나 되는 거액자금이 기업을 응원하는 투자로 향하는 것이다. 그렇게 되면 170조 엔의 공적연금자금을 뛰어넘어 일본 최대의 주주가 된다. 그뿐만 아니라 도쿄 주식 시장의 시가총액 약 절반을 생활투자자가 차지하게 된다.

생활투자자가 기관투자자의 반대 세력으로

연금을 시작으로 기관투자자 대부분이 세계 금융과 경제를 황폐하게 만들고 있다. 그들이 제창하는 내용은 겉으로 보면 그럴싸하다. 하지만 지금 실제로 일어나는 일들을 보고 있으면 한시라도 빨리 멈추기를 바랄 뿐이다.

이를테면 이런 것이다. 그들은 연금생활자 노후 설계의 중심에 서기 위해 금전적 안전성을 강조한다. 자금을 수탁 운용하는 책임감과 전문가 의식을 갖추고 운용 성적을 쌓아간다고 말한다. 또한, 기관투자자로서 SDGs의 정신을 바탕으로 더 나은 미래사회를 구축해가는 일익을 담당하며, 지속가능한 사회를 선도하는 기업을 솔선하여 응원할 것이라고 말한다. 하나같이 멋진 이야기들이다.

그런데 필자는 어째서 그들이 한시라도 빨리 멈추길 바라는가?

안타깝게도 현실은 상황이 전혀 다르다. 기관투자자의 운용 현장은 그저 운용 성적이라는 숫자를 좇는 냉정하고 살벌한 세상일 뿐이다.

최근에는 컴퓨터 활용이 고도화·고속화되면서 초고속 매매 지시가 난무하고 있다. 거기에는 인간의 판단이 끼어들 여지가 거의 없다. 컴퓨터도 얼마나 단기간에 더 많은 매매이익을 쌓아 올릴 것인가, 그것이 유일한 요건 정의로서 프로그래밍 되어 있다. 더 나은 사회도, 지속가능한 목표도 애초에 프로그램 안에는 들어있지 않다.

운용 현장의 이야기만이 아니다. 기관투자자는 거액의 자금을 운용하고 있지만, 그들이야말로 지속가능한 사회를 구축해가려는 의지나 책임 의식은 조금도 없다. 현재 거액의 자금 운용처에 산더미처럼 쌓여 있는 참상은 눈 뜨고 볼 수 없을 정도다. 전체 최적 등은 전혀 고려하지 않은 채 눈앞의 운용이익을 닥치는 대로 거두어들이고 있다. 운용 성적이라는 부분 최적을 추구함으로써 사회에 얼마나 무책임한 행동을 하고 있는지 깨닫지 못하고 있는 것이다.

기관투자자들은 매년 성적을 쌓아 올리기 위해 아무리 야비한 행동주의 투자자, 투자 펀드라도 가리지 않고 그들의 거대한 뒷배가 된다. 그렇게 기업 경영에 단기 이익 최대화를 독촉하고, 그것도 모자라 기업이나 사업 부문을 쪼개 파는 것에 찬동하기까지 한다.

연금 등 기관투자자 자금의 채권자는 일반 개인이다. 아무리 운용 성적을 높이는 것이 부여받은 책임이라고 해도 일반 사람들의 자금을 운용하는 입장에서 기업을 쪼개 팔거나 공장 폐쇄를 강력하게 지지하는 것은 커다란 모순이다. 일반 개인의 자금을 맡아서 운용하는 기관이 사람들의 생존 기반을 잇따라 파괴하고 있는 셈이다. 참으로 아이러니한 상황이다. 생활 기반을 파괴하거나 뒤흔드는 운용은 한시라도 빨리 멈춰야 한다.

그러한 무자비한 기업 난도질이 경쟁력을 잃은 기업의 퇴출을 재촉하는 기능을 한다는 점은 부정하지 않는다. 하지만 행동주의 투자자 그리고 그 뒤에 서 있는 기관투자자들은 현금을 단기간에 뽑아낼 수 있다면 어떤 기업을 타깃으로 하든 상관없다는 태도로 일관하고 있다. 기업을 먹잇감 정도로 보는 최근의 경향에는 어떻게든 제동을 걸 필요가 있다. 주주 압력을 이대로 방치하면 기업은 점차 경쟁력을 잃게 되고 경제나 사회에도 악영향을 미친다.

연금 등의 운용 구조가 그리 쉽게 바뀔 것 같지는 않다. 즉 일반 사람들의 연금자금을 운용하는 기관투자자는 계속해서 매년 성적을 좇을 것이라는 이야기다. 행동주의 투자자와 함께 기업을 단기 이익 극대화 경영에 내몰고, 눈앞의 이익 획득에 혈안이 된 나머지 나중은 어떻게 되든지 말든지 횡포를 이어가게 된다.

이러한 현상에 대해 어떤 대처 방안이 있을까? 생활투자자라는 새로운 개념을 확산시키고, 생활투자자 그룹이 세계 기관투자자의 반대 세력이 되는 것이다. 새로운 제도를 만드는 것이 아니다. 우선은 개개인이 자신의 재산 만들기에 있어서 장기투자가 얼마나 유용하고 절대적인 내 편이 되어주는지 실제로 체험해야 한다.

한번 장기투자의 장점을 맛보고 나면 멈출 수 없다. 그런 체험이 쌓여 장기투자를 사회적인 움직임으로 만들어가는 것이다. 누구나 쉽게 할 수 있는 장기투자가 사회에 널리 퍼지면 그것만으로도 기관투자자에 대한 강력한 반대 세력이 된다.

연금은 국가의 제도로 단단히 묶여 있다. 아무리 운용 현장이 경제 그리고 사회를 황폐하게 만들어도 쉽게 폐지되지는 않는다. 하지만 생활 투자자 그룹은 개개인이 자유·자존하는 집단이다. 자신들의 운용이 비정상적인 사회를 만들고 있다고 여겨지면 그것을 알아차린 사람이 재빨리 방향을 수정하면 된다.

　개개인이 스스로 장기투자를 이어가는 것은 얼마나 멋진 일인가. 자신이 소중하게 여기는 기업을 계속해서 응원하고, 그 기업이 장기적 시야의 경영을 할 수 있도록 지지한다. 나아가 지속적인 사회 발전을, 글자 그대로 응원해가는 것이기도 하다.

금융 버블 붕괴 이후,
결국 진정한 장기투자만이 살아남는다

세계 금융 시장과 경제는 앞으로 어떻게 될까? 현상을 지켜보며 그때 그때 판단을 내릴 것인가, 사고력을 풀가동시켜 먼 미래까지 염두에 둘 것인가. 생각해보면 그 두 가지 방법뿐이다.

이 책에서는 긍정적인 생각의 힘을 선택했다. 우리 같은 장기투자자는 현상이 이대로 이어진다는 고정적 사고방식에 안주하지 않는다. 항상 앞으로 일어날 가능성과 리스크에 대해 철저하게 생각한다.

계속해서 상승하는 뉴욕 주식 시장을 봤을 때 당분간은 지금 상태가 그대로 이어질 가능성이 있다. 세계적으로 유동성 과잉이 널리 침투해 있고 미 연방준비제도를 시작으로 각국의 중앙은행이 필요하다면 얼마든지 돈을 뿌리겠다고 단언하고 있다.

시중에 돈이 충분히 풀리면 경제는 나름대로 굴러간다. 기업 경영의 현장에서도 자금난에 빠질 위험이나 금리 비용 상승의 압박이 없으므로 어떻게든 해나갈 수 있다. 그런 점에 낙관하여 주식 시장은 상승세를 이어가고 있다.

분명 각국 정부의 재정적자나 채무총액은 잔뜩 불어난 상태다. 그렇지만 각국에서 발행되고 있는 다량의 국채가 디폴트(채무불이행)에 빠질 우려 같은 것이 전혀 나오지 않고 있다. 하이퍼 인플레이션을 일으킬지도 모른다는 점에서 국채의 화폐화는 법률상 금지되어 있지만, 이에 아랑곳하지 않고 각국은 금지된 선을 넘고 있다. 일본은행은 이미 국채발행총액의 57%나 보유하고 있는 상태다. 처참한 재정 상태지만 누구도 불안해하지 않는다. 오히려 코로나19 대책으로 각국은 한층 더 큰 규모의 재정 지출을 요구받고 있다.

이러한 현상을 보면 현재 상황이 계속 이어지리라 판단을 내릴 수도 있다. 게다가 여기서 섣불리 의문을 제기하면 "어쩔 수 없지 않은가, 다른 방법이라도 있는가"라며 반론을 당할 것이 뻔하다.

하지만 생각하면 할수록 이런 상황이 그렇게 오래 이어질 것 같지는 않다. 현상을 샅샅이 살펴봐도 그러한 생각에는 변함이 없다.

분명 시중에는 엄청난 양의 돈이 돌고 있다. 하지만 주식 시장의 버블 주가에 자금이 집중되거나 일부 고소득층 사이에서 부의 축적이 이루어지고 있을 뿐이다. 선진각국에서 빈부 격차는 점점 확대되고 있고 국민 다수의 저소득화가 무서울 정도로 빠르게 진행되고 있다. 불어나는 국채 발행도 중앙은행을 몰아붙인 국채의 화폐화에 의존하고 있을 뿐이다. 지극히 불건전한 재정 운영이다. 이런 줄타기가 언제까지나 무사히 이어진다는 보증은 없다. 더군다나 대량으로 발행된 국채는 대체 어떻게 상환할 것인가? 어떻게 자금을 조달할 것인가?

생각하면 할수록 이것은 무리한 이야기다. 그리고 어딘가에서 이 무리한 이야기는 파탄 날 것이다.

세계 금융 시장도, 경제도 무너져 내릴 것이다. 이 책을 통해 계속해서 강조하고 있지만 결국에는 머지않은 시기에 그렇게 될 수밖에 없다. 하지만 대혼란 속에서도, 하물며 하이퍼 인플레이션이 일어나는 일이 있어도 세계 경제는 움직인다.

사람들의 일상적인 생활 소비와 그것을 지지하는 생산공급 활동은 세상에 어떤 일이 일어나도 멈추지 않는다. 오히려 그 당연한 일을 다시금 인식하게 된다. 무너져 내린 세계 금융과 경제를 뒤로하고 한결 가벼워진 경제와 사회가 돌아오는 것이다. 우리와 같은 장기투자자가 거점으로 삼는 곳도 바로 여기다.

그렇다. 금융 버블 붕괴로 인해 세계 경제가 혼란에 빠져도 경제 활동은 절대 사라지지 않는다. 자유경쟁 경제에서는 그저 우승열패와 적자

생존에 의한 기업 선별이 이루어진다. 그야말로 본격적인 장기투자 즉 '액티브 운용의 세계'인 것이다. 여기에서는 사람들의 일상생활에 없어서는 안 될 기업, 그것도 10년 후, 20년 후에도 계속 버텨주길 바라는 기업만이 선별된다.

진정한 장기투자만이 살아남는다. 한시라도 빨리, 독자 여러분도 우리와 함께 장기투자의 세계에 발을 내딛길 바란다.

금융 버블 붕괴

1판 1쇄 인쇄 2021년 10월 11일
1판 2쇄 발행 2022년 7월 10일

지은이 사와카미 아쓰토, 구사카리 다카히로
옮긴이 구수진
감 수 정철진
펴낸이 김기옥

경제경영팀장 모민원 기획 편집 변호이, 박지선
마케팅 박진모
경영지원 고광현, 임민진
제작 김형식

표지디자인 투에스 본문디자인 디자인허브
인쇄·제본 민언프린텍

펴낸곳 한스미디어(한즈미디어(주))
주소 121-839 서울특별시 마포구 양화로 11길 13(서교동, 강원빌딩 5층)
전화 02-707-0337 팩스 02-707-0198 홈페이지 www.hansmedia.com
출판신고번호 제 313-2003-227호 신고일자 2003년 6월 25일

ISBN 979-11-6007-735-3 (13320)

ESG 혁명이 온다

성과에서 가치로, 새로운 미래의 혁신적 시그널과 생존전략

김재필 지음 | 18,000원

전 세계는 지금 ESG 열풍,
인간중심·환경과 사회를 생각하는 새로운 가치의 시대가 온다!

코로나가 사라지면 그동안 코로나로 덮여졌었던 수많은 사회, 경제적 문제들이 다시 떠오를 것이다. 이에 대한 가장 확실하고 유일한 해법이 바로 'ESG'이다. 환경(Environmental)과 사회(Social), 지배구조(Governance)에 이르기까지 ESG의 본질을 파악해 제대로 대응하고 실천해야만 넥스트 팬데믹 시대에서 살아남을 수 있다. 이것은 개인이든 기업이든 마찬가지이다. 이 책은 그간 투자자, 학계, 기업 등에서 논의되어왔던 ESG의 개념을 좀 더 대중적으로 해석하고 정리해 어렵게 느껴졌던 ESG를 쉽게 전달하는 'ESG에 대한 가장 친절하고 완벽한 입문서'다. ESG란 무엇이며 어떻게 시작되고 진화했는지, 어떻게 평가하고 어떤 방식으로 경영에 접목하고 투자에 활용할지 등을 다채로운 사례를 들어 알기 쉽게 설명한다.

ESG 혁명이 온다 2

미래 전략과 7가지 트렌드 편

김재필 지음 | 22,000원

'어떻게 ESG를 통해 새로운 부와 가치를
창출할 것인가'에 대한 가장 현실적이고 완벽한 해답!

ESG는 이제 투자를 넘어 성장산업으로 발전하면서 부와 가치를 창출하는 기회 요인으로 진화하고 있다. 2023년은 차별화된 경영 전략으로 ESG를 기회 삼아 공격적인 경영을 추진하는 해가 되어야 한다. ESG 경영에 대한 빠른 인식 전환과 선제적으로 대응하는 기업만이 앞으로 다가올 거대 시장에서 막대한 부와 가치를 차지할 수 있다. 대한민국에 ESG 열풍을 주도했던 베스트셀러 《ESG 혁명이 온다》가 ESG를 처음 접하고 배우는 이들을 위한 'ESG 입문서' 역할을 했다면, 《ESG 혁명이 온다 2: 미래 전략과 7가지 트렌드 편》은 ESG 경영을 수행하는 기업인, 실무자는 물론 ESG 업무 및 창업에 관심을 갖고 있는 대학생, 취준생, 벤처 스타트업들을 위해 구체적인 방법론과 큰 흐름을 제시하는 'ESG 전략서'이다. 새로운 시대의 부와 가치를 창출하고자 하는 모든 이들이 반드시 읽어야 할 책이다.

메타버스가 만드는 가상경제 시대가 온다

최형욱 지음 | 17,000원

'어떻게 메타버스를 활용할 것인가?'에 대한
가장 현실적이고 완벽한 해답!

최근 전 세계적으로 가장 핫한 키워드를 꼽으라면 단연 '메타버스'를 꼽을 수 있을 것이다. 가공 혹은 추상을 의미하는 '메타(meta)'와 현실세계를 의미하는 '유니버스(universe)'의 합성어로 다(多)차원 가상세계를 의미하는 메타버스는 예전의 단순한 가상현실 속의 세계가 아니라 무궁무진한 발전 가능성을 지닌, 아직까지 발견되지 않은 기회와 가능성으로 가득찬 평평하고 무한한 기회의 땅이다. 앞으로 메타버스는 더욱 더 미래 산업의 핵심 키워드로 자리잡을 것이다. 이 책은 메타버스란 무엇이고 현재 어느 시점까지 실생활과 경제에 접목되어 있는지, 더불어 메타버스를 활용한 비즈니스의 핵심인 '가상경제(버추얼 이코노미)'에 대해서 상세하게 다루고 있다. 지극히 실용적인 메타버스 입문&활용서가 필요했던 독자들에게 최고의 가이드북이 될 것이다.

거대한 분기점

8인의 석학이 예측한 자본주의와 경제의 미래

폴 크루그먼, 토머스 프리드먼, 최배근 외 5인 지음 | 15,800원

"인류는 지금 거대한 분기점에 서 있다!
붕괴될 것인가, 더 번영할 것인가?"

이 책은 세계에서 가장 영향력 있다고 인정받는 경제학의 권위자, 세계를 깜짝 놀라게 한 저술로 주목 받고 있는 신진 학자와 저널리스트 등이 자본주의와 경제의 미래를 전망한 논설집이다. 노벨 경제학상을 수상한 '폴 크루그먼'과 퓰리처상을 수상한 '토머스 프리드먼'을 비롯, 한국의 대표 경제학자 최배근 건국대 교수 등이 참여하여 거대한 분기점에 다다른 오늘날 시급히 논의해야 할 주제들을 다루고 있다. 특히 더욱 빨라지고 있는 테크놀로지의 진화가 우리 삶과 직업을 어떻게 바꿀 것인지 논하며, 기울어진 사회 시스템 속에서 몰락하는 중산층과 소외되는 인간상에 대해 다각도로 논의한다. 그중 코로나19 이후 각국에서 시급히 논의 중인 '기본 소득'에 대해서도 심도 깊게 다루고 있어 현 시점에 시사하는 바가 크다. 세계 석학들의 심도 깊은 메시지들에 귀 기울이다 보면, 더 나은 사회 시스템으로 나아가기 위해 전 세계적으로 활발히 논의 중인 굵직한 흐름에 대해 꿰뚫게 될 것이다.